Superman es árabe

Primera edición: febrero 2014

© Joumana Haddad, 2012
© de la traducción: Jeannette L. Clariond
y Giampiero Bucci

© Vaso Roto Ediciones, 2014
ESPAÑA
C/ Alcalá 85, 7º izda.
28009 Madrid
vasoroto@vasoroto.com
www.vasoroto.com

Diseño de colección: Josep Bagà
Dibujo de cubierta: Richard Green
Preimpresión: Elena Iglesias Serna

ISBN: 978-84-120271-9-8

Joumana Haddad

Superman es árabe

Acerca de Dios, el matrimonio,
el macho y otros inventos desastrosos

Traducción de Jeannette L. Clariond y Giampiero Bucci

Vaso Roto **/** Ediciones

A mis dos hijos,
Mounir y Ounsi.
Que puedan crecer siendo menos «superhombres»
y más verdaderos «hombres».
Hombres de los cuales yo pueda estar orgullosa,
hombres que estén orgullosos de serlo.

¿Qué es esto? No se trata de un libro, en el sentido clásico de la palabra. No, es un largo insulto, un escupitajo espiritual, una patada en los cojones de Dios, del Hombre, del Destino, del Tiempo… Yo cantaré para ti, desentonando tal vez, pero sí cantaré.

HENRY MILLER
Trópico de Cáncer

Desde la profundidad de mi instinto, prefiero a un hombre que sepa despertar mi fuerza, que sea muy demandante, que no dude de mi valor y tenacidad, que no me crea ingenua o inocente, que tenga el valor de tratarme como una mujer.

ANAÏS NIN

La tragedia del machismo es que un macho nunca lo es del todo.

GERMAINE GREER

Érase una vez...

Érase una vez una niña que lo que más amaba en el mundo era la lectura. Leía todo lo que caía en sus manos: los periódicos de su padre, las revistas de moda de su madre y todos los libros que llenaban la gran biblioteca de su casa. Leía hasta los delgados prospectos de las cajas de medicinas, que informaban a los usuarios sobre las dosis, la manera de suministrarlas y los efectos secundarios. Fue así como aprendió, a la edad de ocho años, que los antiácidos y el alcohol no eran una buena mezcla y que «el Ranitidine puede disminuir la absorción del diazepam y reducir su concentración de plasma»: todas advertencias que demostrarían no ser de gran utilidad en el transcurso de su vida.

Leía durante las comidas (para desesperación de su madre); a la hora del recreo escolar (con pena de los compañeros); durante las clases que no le interesaban (la tan sobrevalorada geografía); en los autobuses (razón por la cual no bajaba en su parada y siempre llegaba tarde); en los refugios en los cuales se protegía de las bombas de la guerra civil que tenía lugar en el exterior (más efectivos, hay que decirlo, que los tapones para los oídos)... Y en la noche, cuando todos dormían, ella seguía leyendo a la luz de una lámpara escondida bajo las sábanas.

Inútil decir que esa niña era yo.

*

En mi casa no había libros de historietas. En primer lugar porque eran un lujo muy caro, al menos para una modesta familia de clase media como lo era la mía. En segundo lugar, porque no eran lecturas suficientemente «serias» para un tradicionalista como mi padre, que despreciaba las frases que no había que leer dos veces para entenderlas. Así que yo prácticamente ignoraba la existencia de las historietas. Hasta que un día –tendría nueve o diez años– durante una visita a la casa de una tía, perdida y aburrida entre mis tres primos y mi hermano que jugaban a «cógeme si puedes», descubrí en un rincón una pila de revistas de Superman. Empecé a escarbar en ellas, como buscando algo. Qué gran hallazgo.

Inmediatamente me enamoré de Clark Kent. Era un hombre tímido, torpe, honrado, dulce y de buenos modales. En pocas palabras, era auténtico. Pero cada vez que se quitaba su atuendo cotidiano y se transformaba en Superman para volar a salvar al género humano, yo sentía malestar y angustia. No entendía por qué me molestaba tanto, ya que él era, a todas luces, un héroe digno de admiración. Pero no podía evitarlo. Me desagradaba ese personaje «más veloz que una bala y más potente que una locomotora», capaz de «desviar ríos caudalosos y doblar el acero con las manos desnudas». No podía ver a Clark Kent como un disfraz suyo, me parecía más verdadero lo contrario…, y me ofendía el cariño que Lois Lane le tenía y el rechazo que manifestaba por Kent.

Mucho, mucho tiempo después, comprendí de repente que este mundo (y las mujeres en él) no necesita «hombres hechos de acero». Necesita hombres auténticos. Auténticos, sí: con sus torpezas, sus temores, sus defectos, sus errores y sus debilidades. Hombres de verdad, sin identidades secretas. Hombres verdaderos que no crean que pueden ver más lejos que tú, u oír con más precisión que tú, correr más rápidamente que tú y, lo que es peor aún, pensar mejor que tú. Hombres verdaderos que no necesiten ponerse unas mallas azules y una capa roja (grotesca metáfora de la virilidad) para sentirse más poderosos. Hombres verdaderos que no se crean invencibles. Hombres verdaderos que no teman enseñar sus lados débiles. Hombres verdaderos que no escondan su verdadera personalidad a tus ojos (y tampoco a los suyos). Hombres verdaderos que no tengan vergüenza de pedir ayuda cuando la necesiten. Hombres verdaderos orgullosos de ser apoyados por ti, tanto como lo estarían de apoyarte. Hombres verdaderos que no se identifiquen con la dimensión de su pene y la anchura de su pecho. Hombres verdaderos que no se clasifiquen según sus hazañas sexuales. Hombres verdaderos que no se clasifiquen según su cuenta bancaria. Hombres verdaderos que sepan escucharte con atención, en lugar de intentar salvarte con arrogancia. Hombres verdaderos que no se sientan humillados y castrados si de vez en cuando no logran tener una erección. Hombres verdaderos que discutan contigo sobre la mejor solución a los problemas comunes, en lugar de decir con arrogancia: «Déjamelo a mí, yo lo soluciono». Hombres verdaderos que te consideren compañera, y no víctima/misión/trofeo. Hombres verdaderos que compartan contigo sus problemas y sus penas, en lugar de insistir en solucionarlos por su cuenta. Hombres verdaderos que, en pocas palabras, no sientan vergüenza en el instante de preguntar por el camino correcto, en lugar de afirmar que ya lo conocen (frecuentemente al precio de perderse).

*

Seguramente este mundo no necesita supermanes. ¿Por qué? Bien, en primer lugar porque es un personaje ficticio. Sobre esto, muchos de vosotros podríais decir: «¿Y qué? ¡Lo sabemos! Claro que lo es». ¡Bien! Adivinad: En mi mundo (y seguramente en algunas partes del vuestro, estoy segura), muchos creen que existe verdaderamente. Pero no es este el problema. Aquí no estoy hablando del síndrome del amigo/salvador imaginario. El verdadero problema es que los que creen en la idea de Superman también creen que lo son. Y actúan en consecuencia. Es llegado este punto cuando todo empieza a ir mal. Es así como los líderes se convierten en déspotas, los patrones en esclavistas, los creyentes en terroristas y los novios en opresores. Y todo bajo el lema: «Yo conozco tus problemas mejor que tú». Sí, un personaje de ficción puede convertirse en una desgracia para la humanidad. Y aunque a veces pueda parecer divertido, no lo es. Es triste. Y destructivo. Para uno mismo y para los demás.

Esta es la razón por la que, más tarde, me vino a la cabeza una analogía, una que me pareció muy creíble: Superman es árabe. La misma doble personalidad. La misma presuntuosa actitud de: «Yo puedo enderezar las cosas». Los mismos comportamientos machistas. La misma postura de: «Yo soy el bien y los demás son el mal». La misma idea delirante de: «Yo soy indestructible». Hay muchos autoproclamados superhéroes aquí, en mi vieja tierra árabe, ya depuestos o aún en el poder. Los más peligrosos son los terroristas: ¿cómo puedes luchar en contra de uno que quiere, que hasta anhela morir? Has perdido la batalla de antemano. Atrévete a prometer cincuenta vírgenes en un supuesto paraíso (un paraíso que así se parece más a un burdel) y la víctima de tal adoctrinamiento se tornará invencible (sigo preguntándome cómo podría uno arreglárselas con cincuenta vírgenes: ¿con dos o tres «profesionales» no sería la tarea más fácil?).

Estos terroristas, junto con los dictadores y los fanáticos religiosos, son los más famosos supermanes: Osama Bin Laden, Sadam Husein, Muamar Al Gaddafi, Hosni Mubarak, Abdullah bin Abdul Aziz Al Saud, Ayman Al Zawahiri, Mahmoud Ahmadinejad… Afortunadamente, algunos ya se habrán ido cuando estéis leyendo esto. Pero mientras sigan creciendo e hinchándose como levadura no podremos contar con la extinción de su especie.

Y no pasemos por alto los tipos menos conocidos de su clase. No olvidemos al prototipo número uno de supermán árabe: el padre, el hermano, el novio, el marido, el hijo, el vecino, el director ejecutivo, el *mullah*, el *sheik*, el periodista, el publicista, el político, el colega, etcétera. En suma: el chico normal.

Así es, Superman es árabe. Puede parecer potente, pero sus músculos solo son una máscara de sus inseguridades. Puede parecer auténtico, pero es falso. Una lejana imitación de un original que no puede igualar. Puede parecer resistente, pero no dura mucho. Cualquier desafío lo conmociona, lo hiere y lo quiebra. La kriptonita solo es una alegoría de sus innumerables debilidades secretas. Puede parecer amable, pero solo es asfixiante y opresivo. Puede parecer inteligente, pero si lo escuchas con atención verás que confunde virilidad con machismo, fe con fanatismo, ética con tradiciones rancias, bondad con egoísmo, protección con asfixia, amor con apropiación y fuerza con despotismo. Su superficie puede parecer agradable, pero su interior está podrido. Si abres la delgada concha no encontrarás más que mentiras, falsedades, cobardías e hipocresías. Puede proclamar que está salvando al mundo, pero es el mundo el que necesita ser salvado de él; y sobre todo es él quien necesita ser salvado de sí mismo.

*

Pero ¿cuándo nació este «modelo Superman»?

Todas las historias tienen un inicio. Una historia como esta, tan larga, tan aparentemente infinita, debe tener un inicio sugestivo. Bien, empezó así: Primero la confusión creó el miedo. Luego el miedo creó a Dios. Luego Dios inventó el concepto de pecado. Luego el concepto de pecado inventó al macho. Luego el macho inventó la docilidad de la mujer. Luego la docilidad de la mujer inventó el sigilo. Luego el sigilo inventó la máscara defensiva. Luego la máscara defensiva inventó la guerra de los sexos, junto con muchas otras cosas similares. Después todo volvió a la confusión.

No hay que reprochar solo a Superman su existencia y resistencia. No olvidemos que es la mujer la que desde el principio engendra a Superman: la ignorancia de las madres, la superficialidad de las novias, la aquiescencia de las hijas, la autovictimización de las hermanas, la pasividad de las esposas, etcétera. La admiración de Lois Lane por la parte falsa y exhibicionista del personaje a expensas de la otra, humilde y auténtica, es un claro y significativo ejemplo del papel que las mujeres juegan en la perpetuación de la raza del macho. Está claro, es un círculo vicioso, en el cual muchos quedan atrapados. Hombres y mujeres. Y con gusto. A ciegas o a sabiendas. Por esta razón debemos comprender que Superman es un hombre falso y de la peor calidad. Ha llegado la hora de que se quite el disfraz y se ponga su ropa cotidiana, de que desdeñemos las etiquetas ostentosas para buscar lo auténtico. En nosotras, antes que en otros lugares y en otras personas.

1. ¿POR QUÉ ESTE LIBRO?

Si no dices la verdad sobre ti mismo,
no puedes decir la verdad sobre los otros.
VIRGINIA WOOLF

El poema

Perdido y encontrado

El mejor libro que pueda escribir
yace oculto en algún lugar
bajo los libros que he escrito:
lo sé.

Y tal vez,
tal vez
si busco bien
durante largo tiempo
lo encuentre algún día.

… Sin embargo algo me dice
que el mejor libro que habré de escribir
no es otra cosa que esos negros fragmentos sucios
atascados bajo mis uñas:
mis tercas uñas
que nunca se cansan de escarbar.

La diatriba

Elogio del egoísmo

> Esto es parte de la belleza de todo tipo de literatura.
> Descubres que tus deseos son
> deseos universales, que no estás solo
> y aislado de los demás. Perteneces.
>
> F. Scott Fitzgerald

Permitidme decirlo de la forma más franca y directa: no escribo porque quiera cambiar el mundo. No es mi principal objetivo cambiar el mundo (suponiendo que pudiera). Y tampoco lo es convertir a ilusionados monoteístas en ateos convencidos. Dejemos que los monoteístas naden en el gozo de sus ilusiones. Mi principal objetivo no es convencer a los machistas de que deben respetar a las mujeres y su dignidad. El segundo castigo de los machistas es ser machistas. Y el primer castigo es que yo, y otras mujeres (y hombres) como yo, existimos y estamos destinados a cruzarnos en el camino alguna vez.

Mi principal objetivo no es transformar en hipócritas a personas sinceras. Los hipócritas están mejor pudriéndose en el lodo de sus mentiras: lo que cuentan a los demás se lo cuentan a ellos mismos. Mi principal objetivo no es evidenciar la deshonestidad de la mayoría de los jefes religiosos. Charlatanería e idiotez merecen estar juntas. Mi principal objetivo no es destruir la decadente institución del matrimonio. Que los fanáticos del mítico «juntos hasta que la muerte nos separe» prosperen y procreen en el lecho de sus quimeras.

Mi principal objetivo no es persuadir a hombres opresores de que las mujeres (cuerpos y almas) no son de su propiedad; no mientras existan mujeres que lo crean tanto como los hombres. Mi principal objetivo no es convencer a las mujeres con burka de que están subyugadas por un instrumento de opresión patriarcal que además les lava el cerebro. Mi principal objetivo no es convencer a las chicas de *Playboy* de que están subyugadas por un instrumento de opresión patriarcal que además les lava el cerebro. Mi principal objetivo no es revelar la doble moral de nuestras sociedades hipócritas. La primera condición de la afirmación «todos los seres humanos nacen libres e iguales en dignidad y derechos» es que seamos, *antes que todo*, seres humanos. Y algunos no nacen con esa cualidad.

Juro (no «por Dios», no) que mi principal objetivo no es guiar a los perdidos, o alumbrar a los ciegos, o corromper a los piadosos, o aliviar a los neuróticos, o curar a los impotentes y a las frígidas. Mi principal objetivo es mi derecho a ser quien quiero ser; mi derecho a decir lo que quiero decir; mi derecho a tomar lo que quiero tomar; mi derecho a hacer lo que quiero hacer; a pesar de las responsabilidades que acompañan esos derechos, que yo dichosamente asumo.

No subestiméis los «mis» de arriba. Notadlos bien. No están allí por casualidad. ¿Egocéntricos? Sea. Altos y claros. Según mi modesta opinión eso es precisamente lo que el mundo necesita: más sinceros egoístas y menos falsos altruistas y benefactores.

Con todo, si —mientas que soy lo que quiero ser, y digo lo que quiero decir, y tomo lo que quiero tomar, y hago lo que quiero hacer— induzco a unos cuantos a ser lo que quieren ser, y a decir lo que quieren decir, y a tomar lo que quieren tomar, y a hacer lo que quieren hacer... me consideraré la persona más feliz sobre la faz de la tierra. Me siento orgullosa de estos «daños colaterales» que provoco, que me dan fuerza, determinación, tenacidad y pasión.

Creedme, mi principal objetivo no es cambiar el mundo. Lo que me importa es vivir y escribir. Es esta mi principal batalla.

Mi principal motivo. Mi principal lucha. Vivir y escribir lo mío sin compromisos, sin corrupción, sin acuerdos bajo el agua. Vivir y escribir de mí al desnudo: como un poema recién salido de un vientre.

De esto se trata.

La narración

Nota para el lector

Estimado lector:

Antes de que comiences a hacer toda clase de suposiciones y a sacar
conclusiones apresuradas, ten la amabilidad de tener en cuenta que,
a pesar del flamígero título, este no es un manifiesto en contra de
los hombres en general. Y tampoco un manifiesto en contra de los
hombres árabes en particular.

Pero sí es un grito en la cara del sistema patriarcal y de su absurdo,
por no hablar de sus vergonzosos «valores», efectos y fuentes: un
grito escrito con pasión, no con veneno. Es también un grito en la
cara de un subproducto específico de ese sistema: el tipo del macho,
el tipo de mentalidad estrecha, el tipo neanderthaliano, el tipo que
dice: «Tú solo existes a mi sombra»…

Quisiéramos pensar que es un tipo en extinción, pero no lo
es. Quisiéramos pensar que las revoluciones árabes están a punto
de acabar con él, pero es poco probable, parece más bien que un
monstruo está a punto de sustituir a otro. Quisiéramos pensar que
está desapareciendo, pero no está ni siquiera en peligro.

Todavía anda por todos lados. Merodeando como un ogro silente. A pesar de las luchas por los derechos de las mujeres, a pesar de las manifestaciones, las leyes, las garantías jurídicas, los llamados «vientos del cambio», la aparente igualdad en algunos países. Me hace pensar en el infierno de Dante: algunas almas están atrapadas en el primer círculo, otras en el noveno. Pero siguen estando en el *inferno*.

Podrías pensar que muchas mujeres que están fuera también son un fétido producto del sistema patriarcal. Y tendrías toda la razón: yo lo suscribiría, y lo repito cada vez que puedo, para derrotar la fácil, engañosa y difundida identificación entre «patriarcal» y «masculino». Hablo de esas mujeres convencidas de que cuanto más las ignora o las menosprecia un hombre, más atractivo les resulta; mujeres que prefieren un macho alfa en lugar de un hombre educado y respetuoso; mujeres que prefieren estar embarazadas de un niño que de una niña; mujeres que educan a sus niños para que sean machos y a sus niñas para que sean mansas y amansadas; mujeres que callan cuando sus hijas son maltratadas física o psicológicamente; mujeres que obligan a sus hijas a la reconstrucción quirúrgica del himen o a las prácticas de la ablación genital; mujeres que predican a otras mujeres que fueron creadas para quedarse en casa y no para tomar parte en la vida política, social o económica de sus países; mujeres que enseñan a otras obediencia y sumisión; mujeres que desprecian, odian o se oponen a otras que tienen éxito; mujeres que desconfían de las mujeres exitosas; mujeres que animan a sus hijas a casarse a los catorce años o a «tener paciencia» cuando los maridos las pegan; pero sobre todo y en primer lugar: mujeres profundamente convencidas de que los hombres son más fuertes, más inteligentes, superiores... Las manifestaciones desagradables de la mujer patriarcal (consciente o inconsciente) son infinitas en nuestras sociedades y en nuestras culturas.

Por otra parte, y en cada rincón de este mundo moderno, todavía hay hombres que creen ser «mejores» que las mujeres y lo afirman golpeándose el pecho como gorilas: Hombres que maltratan a las mujeres. Hombres que golpean a las mujeres. Hombres que explotan a las mujeres. Hombres que utilizan a las mujeres. Hombres que menosprecian a las mujeres. Hombres que tapan a las mujeres. Hombres que tratan a las mujeres como baratos trozos de carne. Hombres que «venden» o «compran» a las mujeres. Hombres que miran a las mujeres por encima del hombro y en la mejor de las hipótesis las tratan con condescendencia. Hombres que usan sus músculos y/o sus poderes (políticos, sociales, religiosos, económicos), frutos del corrupto sistema patriarcal, para oprimir a las mujeres. Supermanes, como les gusta definirse. «Salvadores» de la humanidad.

Pero lo repito: Superman es un engaño. Y lo único que hoy es necesario salvar es el barco hundiéndose llamado masculinidad. Sí, Superman es un engaño: desagradable, peligroso, venenoso, hasta suicida. Tan desagradable, peligroso y venenoso como el cliché de «la dama en peligro». Y así como la damisela «perseguida» o «que se odia a sí misma» tiene que empezar a creer en su propio poder, el falso *Übermensch* tiene que convertirse en un hombre. En un verdadero hombre: ese que la feminidad merece. El hombre que la humanidad merece. Pero sobre todo y en primer lugar, el hombre que él mismo merece ser.

2. Cómo empezó todo (en general)

> Entonces, si soy un experimento, ¿lo soy
> totalmente? No, creo que no; creo que el
> resto es parte suya. Yo soy su mayor parte, pero
> creo que el resto tiene su parte en la cuestión.
>
> Mark Twain
> *El diario de Eva*

El poema

Volviendo a empezar

Luego Dios creó a la mujer a su imagen,
la creó de cruda tierra;
la creó de la idea de sí misma:
Lilith,
en cuyos ojos ves el amor perdido
o el amor abandonado.

Lilith, la que caza y es cazada,
la que arrulla cual paloma para amansar al león,
la que crea la ley y la rompe,
la que ata a sus hombres y luego implora por su libertad,
la que está en el centro de la Tierra
y la observa girando a su alrededor,
la que toma para sí el ciprés, la oscuridad
y los lejanos destinos del mar.

Lilith, la que para nosotros no tiene nombre,
cuyo futuro
aún brilla en el ojo de su mente,
la que es fuerte en su feminidad y sin embargo es dulce,
la que come el cielo y bebe la luna como leche,
la que un momento está en nuestros brazos,
y en el siguiente es una sombra lejana.

Lilith, cuya desnudez
solo pueden ver los que no miran
la mujer libre, la mujer encadenada,
la mujer que es libre hasta de la libertad,
la cima en la cual infierno y cielo se encuentran en paz,
el deseo y el anhelo del deseo.

Lilith, tierna en la victoria, poderosa en la derrota,
la que habla por cada mujer,
la que habla por todos los hombres,
la que ve pero nunca escoge,
la que escoge pero nunca descarta.

Lilith, rápida en traicionar su sexo,
rápida en traicionar,
cuyas mil heridas
son más tiernas que mil besos.

Lilith, poeta-diablo, diablo-poeta,
encuéntrala en mí, encuéntrala en los sueños,
encuéntrala y toma de ella
lo que quieras,
toma todo,
toma lo que sea,
nunca será suficiente.

La diatriba

Cara o cruz

¡Ay! Generalmente no es el niño, sino el joven lo
que sobrevive en el hombre.

ARTHUR HELPS

Hay hombres que dicen a las mujeres: «Te respeto, te apoyo, soy
solidario contigo, y te protegeré por toda tu vida. Esto es lo que
Dios manda, y tienes el derecho a esperarlo de nosotros». Pero confunden el respeto con la condescendencia, el apoyo con la represión y la solidaridad con una insultante palmadita en el hombro.
Y sobre todo, confunden los mandamientos de su dios patriarcal
con el aplastamiento de los derechos humanos más fundamentales.

Hay hombres que afirman que «respetan, apoyan, protegen a
las mujeres y son solidarios con ellas», diciendo: «Animamos a
nuestras compañeras para que tengan carreras exitosas. Vuestras
ambiciones son nuestras ambiciones y vuestros éxitos son fuente
de orgullo para nosotros». Pero en su íntimo ser piensan que las
mujeres solo trabajan para llenar su tiempo libre. Y sufren un ataque al corazón si ellas ganan más que ellos; ellas que a menudo tienen que mendigar confianza y beneplácito, como si fueran niñas
en busca de atención.

Hay hombres que afirman que «animan a sus compañeras para
que tengan carreras exitosas» y le dicen a una mujer: «Admiramos la

31

inteligencia aguda, las personalidades fuertes y los caracteres orgullosos. ¿Para qué sirve que una mujer sea bonita si es tan solo una muñequita incapaz de comprender nuestras palabras? Nosotros admiramos vuestra capacidad de discutir con nosotros y hasta de regañarnos». Pero en secreto quieren que las mujeres sean menos inteligentes y atrevidas, y más obedientes y pasivas.

Hay hombres que «admiran la inteligencia aguda, las personalidades fuertes y las personalidades orgullosas», y dicen a una mujer: «Nos encanta tu apetito sexual y tu libido ardiente. Siempre anticipas nuestros deseos y alumbras nuestra cama con nuevas fantasías». Pero no pueden tolerar la idea de que no lleguen vírgenes a la noche de bodas, se ofenden si ella toma la iniciativa consideran que el honor reside en lo que tienen ellas entre las piernas.

Hay hombres que afirman: «Nos encanta el apetito sexual de una mujer y el ardor de su libido», y dicen a una mujer: «No toleramos ni justificamos los celos. No nos pertenecemos mutuamente y tenemos que tener confianza recíproca». Pero mientras no ven nada malo en follar o casarse con otra, no dudarían en criticar, abandonar, pegar e incluso en algunos casos matar a sus mujeres si ellas les engañasen, porque lo que vale para ellos obviamente no sirve para ellas.

Hay hombres que afirman que «no pueden tolerar ni justificar los celos» y dicen a una mujer: «No nos cansamos de escucharte. Por favor, comparte con nosotros tus miedos, tus sentimientos, tus problemas y tus penas». Pero en cuanto ellas abren la boca, piensan: «¿Cuándo acabará este aburrido rio de confesiones?».

Hay hombres que afirman que «no se cansan de escuchar a una mujer» y le dicen: «Lo más importante para nosotros es tu placer, no somos egoístas y no queremos sexo unilateral». Pero a menudo, se quedan dormidos en cuanto vuelven de su viaje sexual sin que el de ella haya apenas despegado.

Hay hombres que afirman que para ellos «lo principal es el placer de la mujer» y le dicen: «Apreciamos tu vulnerabilidad. Con nosotros no debes fingir siempre ser fuerte y segura de ti misma. No tengas miedo de quitarte la máscara y revelar tu faceta frágil. Te amamos sin importar que seas triunfadora y victoriosa o vencida y con lágrimas». Pero no dudan en herirla, cuando sea necesario, con el detallado conocimiento que tienen de sus inseguridades y puntos débiles.

Hay hombres que afirman que «valoran la vulnerabilidad de una mujer» y le dicen: «Te amamos tal como eres. No cambies. Adoramos todo de tu belleza natural y sin interferencias.». Pero cuando esa mujer natural se cuela en sus sueños, ve los fantasmas de otras mujeres: mujeres que no se le parecen. Mujeres felices de ser muñecas y adornos. Mujeres a las cuales no cuesta decir siempre que sí. Mujeres que nunca discuten ni desafían. Mujeres de cuerpos artificiales y miradas vacuas. Mujeres que navegan fácilmente en las aguas del subconsciente masculino. Mujeres-objeto que marchan contentas, impávidas, inmunes, eternas… y sin vida.

La narración

El Génesis, pero no como les gusta pensar que hubiera acontecido

> El final es desde donde empezamos.
>
> T. S. ELIOT

… Y fue la tarde, y fue la mañana –el sexto día–. Luego Dios dijo: «Que sea el Hombre, y que gobierne sobre los peces del mar y las aves del cielo, sobre toda la Tierra y sobre todas las criaturas que se mueven por el suelo». Y el Hombre fue. Y Dios le puso el nombre de Adán. Luego Dios vio lo que había hecho, y le pareció que era bueno…

Menos por un problema. El Hombre era inmortal. E infeliz de serlo. Porque, por ser inmortal, a Dios no se le había ocurrido, digamos, que el Hombre necesitaba de un límite. Pero el Hombre lo necesitaba. Así que Dios se apoyó en una gran roca (la misma que había creado el primer día) y empezó a reflexionar sobre el problema: «¿No son suficientes los animales? ¿No son suficientes las plantas y las montañas y los ríos? ¿Qué otra cosa debería hacer para quitarme de encima a esta molesta criatura?».

Luego Dios, como Arquímedes, tuvo su momento eureka. Al Hombre le daría la muerte. Y Dios creó los cigarros, los accidentes de tráfico, los temblores y otros daños capaces de dar alivio. Luego Dios vio lo que había hecho y, obviamente, le pareció que era bueno…

34

Menos por un segundo problema. El Hombre era intolerablemente arrogante. Porque a Dios no se le había ocurrido, por ser Único, Solo y feliz, digamos, de serlo, que el Hombre necesitaba darse cuenta de sus limitaciones. Pero el Hombre lo necesitaba. Así que Dios se zambulló en el profundo mar azul (el mismo que había creado el segundo día) y empezó a reflexionar sobre el problema: «¿No son suficientes los animales y las plantas y las montañas y los ríos y la muerte? ¿Qué otra cosa debería hacer para quitarme de encima a esta molesta criatura?».

Luego Dios tuvo un segundo momento eureka. Al Hombre le daría autoconsciencia. Y Dios creó los espejos. Luego Dios vio lo que había hecho y, obviamente, le pareció que era bueno…

Menos por un tercer problema. El hombre estaba muy deprimido. Porque a Dios no se le había ocurrido, por ser alegre y optimista como, digamos, Bugs Bunny, que el Hombre necesitaba consuelo. Pero el Hombre lo necesitaba. Así que Dios dio un paseo por la Luna (la misma que había creado el tercer día) y empezó a reflexionar sobre el problema: «¿No son suficientes los animales y las plantas y las montañas y los ríos y la muerte y los espejos? ¿Qué otra cosa debería hacer para quitarme de encima a esta molesta criatura?».

Luego Dios tuvo un tercer momento eureka. Daría al Hombre un consuelo químico. Y Dios creó el Prozac. Luego Dios vio lo que había hecho y, obviamente, le pareció que era bueno…

Menos por un cuarto problema. El hombre se aburría. Porque a Dios no se le había ocurrido, por estar satisfecho de sí mismo y ser, digamos, autosuficiente, que el Hombre necesitaba diversión. Pero el Hombre la necesitaba. Así que Dios montó una cebra (la misma que había creado el cuarto día) y empezó a reflexionar sobre el problema: «¿No son suficientes los animales y las plantas y las montañas y los ríos y la muerte y los espejos y el Prozac? ¿Qué otra cosa debería hacer para quitarme de encima a esta molesta criatura?».

Luego Dios tuvo un cuarto momento eureka. Daría al Hombre algo con que jugar. Así que Dios tomó del suelo otro pedazo de arcilla (no suficientemente grande, por desgracia) lo moldeó en forma de tubo y lo pegó justo en la entrepierna del hombre, donde, como pensó acertadamente, estuviera a mano. Y Dios creó el pene del Hombre. Luego Dios vio lo que había hecho y, obviamente, le pareció que era bueno…

Menos por un quinto problema. El Hombre estaba solo. Porque a Dios no se le había ocurrido, por ser aficionado, digamos, a los placeres solitarios, que el Hombre necesitaba compañía. Pero el Hombre la necesitaba. Y el Hombre lo hacía saber claramente al oído malhumorado de Dios, llorando en las noches y quejándose en el día, los siete días de la semana. Era intolerable. Así que Dios se sentó bajo una higuera (la misma que había creado el quinto día) y empezó a reflexionar sobre el problema: «¿No son suficientes los animales y las plantas y las montañas y los ríos y la muerte y los espejos, y el Prozac y el pene? ¿Qué otra cosa debería hacer para quitarme de encima a esta molesta criatura?».

Luego Dios tuvo un quinto momento Eureka. Daría al hombre y a su pene alguien con quien divertirse. Alguien a quien dar órdenes. Alguien a quien menospreciar. Alguien que le sirviera. Alguien para su uso y abuso. Así que Dios, en lugar de descansar el séptimo día, como se suponía que haría, hizo un último esfuerzo y creó a la Mujer. La creó de tierra, justo como había hecho con el Hombre. Y le puso el nombre de Lilith. Luego Dios vio lo que había hecho y, obviamente, muy obviamente –dadas las curvas y todo el resto– le pareció que era especialmente buena…

Menos por un último gran problema. Lilith no resultó ser un juguete, como estaba previsto que fuera. Cuando menos era un proyecto fallido de juguete. Porque se presentó como una mujer fuerte e independiente, que no toleraba las tonterías del hombre (y tampoco las de Dios). Era una «compañera» y no le gustaba ser tratada como accesorio. Así que cuando se cansó de estúpidos y gratuitos «haz esto, haz lo otro» decidió cambiar el supuesto paraíso por un lugar más interesante. Bajó a la Tierra. Y empezó a reproducirse.

Pero entonces el Hombre volvió a los lloriqueos y a las quejas por su soledad. Así que Dios hizo un segundo intento de crear a la Mujer. Solo que esta vez, para estar seguro de hacerla obediente y sumisa, tuvo la genial idea de crearla a partir de una costilla del hombre: una pequeña parte del conjunto masculino. ¿Cómo podría no ser dócil y complaciente con su «señor»? Y es así como fue creada Eva.

…Y a partir de ese momento se acabaron el Hombre y la Mujer, y empezó ese caos llamado «guerra de géneros».

3. Cómo empezó todo (para mí)

> En el amor se da la paradoja de dos seres
> que se convierten en uno y sin embargo siguen siendo dos.
>
> Erich Fromm

El poema

Metáfora de amor

El amor es un pez escurridizo.
Solo que huele mejor.

El amor es un pez escurridizo.
Cada vez que crees que lo atrapaste,
se te escapa.
Y cuando por fin yazca calmo en tu mano,
no suspires con alivio:
solo significa
que ha muerto.

La diatriba

Dentro y fuera

> Lo que cuenta no son los hombres en mi vida,
> sino la vida en mis hombres.
> MAE WEST

Una vez me enamoré de un tipo porque me trataba como a una
[reina
luego dejé de amarlo porque no era un rey.

Una vez me enamoré de un tipo porque me hacía reír
luego dejé de amarlo porque no bebió mis lágrimas cuando lloré.

Una vez me enamoré de un tipo porque hablaba bien
luego dejé de amarlo porque hablaba mucho pero no decía nada.

Una vez me enamoré de un tipo porque me llevó hasta la Luna
luego dejé de amarlo porque no sabía cómo traerme de vuelta
[a la Tierra.

Una vez me enamoré de un tipo porque me gustaba acostarme
[con él
luego dejé de amarlo porque no me gustaba dormir a su lado.

Una vez me enamoré de un tipo porque estaba prendada de él
luego dejé de amarlo porque él estaba prendado de sí mismo.

Una vez me enamoré de un tipo porque hizo algo bien
luego dejé de amarlo porque todo lo demás lo hacía mal.

Una vez me enamoré de un tipo porque sabía cómo tocar mi cuerpo
luego dejé de amarlo porque no sabía cómo tocar mi alma.

Una vez me enamoré de un tipo porque sabía cómo tocar mi alma
luego dejé de amarlo porque no sabía cómo tocar mi cuerpo.

Una vez me enamoré de un tipo porque me sentía a gusto con él
luego dejé de amarlo porque me sentía demasiado a gusto con él.

Una vez me enamoré de un tipo porque era inteligente y culto
luego dejé de amarlo porque se jactaba de ser culto e inteligente.

Una vez me enamoré de un tipo porque me hacía soñar con él
luego dejé de amarlo porque me harté de soñar.

Una vez me enamoré de un tipo porque sabía cómo entrar en mi
[vida
luego dejé de amarlo porque no sabía cómo salir de ella.

Una vez me enamoré de un tipo porque era guapo y sexy
luego dejé de amarlo porque él también pensaba que era guapo
[y sexy.

Una vez me enamoré de un tipo porque me escribía bellas cartas
luego dejé de amarlo porque sus palabras no se hacían carne.

Una vez me enamoré de un tipo porque me admiraba
luego dejé de amarlo porque yo no lo admiraba.

Una vez me enamoré de un tipo porque era perfecto
luego dejé de amarlo porque era perfecto.

Dentro y fuera
fuego tras fuego,
dentro y fuera
de las cenizas a las cenizas,
y aquel que me mantenga ardiendo
todavía no ha nacido.
Y aquel que me mantenga ardiendo
todavía hay que encontrarlo.

La narración

Encuentros cercanos con el segundo tipo

> Todas las mujeres acaban siendo como sus madres. Esta es su tragedia.
> Ningún hombre lo hace. Esta es su tragedia.
>
> OSCAR WILDE

Se parecía un poco a Tintín, el famoso personaje francés de historietas. Tenía rasgos finos, una bella nariz esnob y una sonrisa maliciosa. Ambos teníamos siete años cuando lo inscribieron en mi escuela católica femenina. Era uno de los tres chicos que vivían en la vecindad cuyos padres lograron convencer a las monjas de que lo aceptaran en la escuela, puesto que un muchacho de esa edad no podía representar una seria amenaza para la virtud de las chicas. ¿Quién lo dice?

Jacques me gustó desde el primer momento. Y sabía que yo también le gustaba porque, a pesar de no hablar casi nunca conmigo, no perdía la oportunidad de tirar de mi tirarme del pelo y salir corriendo. A veces dolía mucho, incluso llegaba a llorar, y esto hacía que Jacques me gustara aún más. Cuanto más fuerte tiraba, más fuerte me gustaba, y más segura estaba yo de que de verdad le gustaba. Era claramente una certeza innata e instintiva porque, obviamente, en aquel entonces yo no sabía nada de los rituales de las relaciones. No me era posible interpretar su actitud con esta lógica: «Me tira del pelo porque se siente frustrado. Y se siente frustrado porque le gusto, y esto le da miedo». Mucho tiempo después entendí que esa era la típica actitud masculina –si es que las hay– de las distintas formas que hay de «tirar del pelo a una mujer».

*

«¡Quiero casarme con ese chico!», solía decir a mi madre cuando estábamos en el balcón y veía al vecino alto y guapo cruzar la calle, una quincena de metros más abajo. No sabía su nombre, pero me quería casar con él. No tenía más de nueve años, pero me quería casar con él. Para mi madre era un misterio: una de las actitudes y posturas más extrañas de esa hija a quien apenas empezaba a acostumbrarse. Luego, en la calle, tuvo la terrible idea de acercarse a ese joven, justo cuando yo estaba con ella, y de hablarle de mi capricho. «Oh, qué cosa más bonita», dijo él, pellizcando mi mejilla roja y mortificada mientras yo quería morirme allí mismo. Y de repente lo odié. Y dejé de decir a mi madre que me quería casar con él. Ella se quedó perpleja. Pero un día, después de preguntármelo cien veces, le dije: «Porque ya no está lejos». Obviamente no entendió. Y yo tampoco, pero era justo como me sentía. Quería a «un hombre distante». Quería lo «inalcanzable»; el sueño, en suma.

Todo esto aconteció casi al mismo tiempo en que empecé a tener mi pesadilla infantil recurrente. Estaba en mi pequeña cama de madera blanca. De repente la cama era arrojada desde el quinto piso, y la podía ver, y me veía a mí misma tendida en ella, cayendo en vertical, lentamente, hasta el suelo. Luego la cama ascendía lentamente hasta el quinto piso y retomaba su lugar en el cuarto. Pero no por mucho tiempo. Fuerzas misteriosas me lanzaban una y otra vez hacia abajo. Como si hubiera sido Sísifo y la roca, al mismo tiempo.

¿Acaso esa pesadilla era una alegoría de mi alma sin descanso? ¿Un alma al borde del abismo, eternamente al borde? ¿Una que no puede pararse, obligada a los comienzos, una que no puede parar de recomenzarlo todo una y otra vez, que ansía sin cesar lo «inalcanzable»? ¿Era yo un ejemplo de lo que el poeta francés André Breton decía: «Durante toda mi vida mi corazón ha ansiado algo cuyo nombre no conozco»? Tal vez era así, pero era algo muy duro para la niña que yo era entonces.

Pero seguramente esa pesadilla podía considerarse como una parábola prematura de mi relación con los hombres: construir, destruir, reconstruir. Construir, destruir, reconstruir. Una y otra vez, hasta que uno de los dos esté completamente agotado, hasta que uno de los dos se rinda ante la imposibilidad de seguir adelante. ¿El círculo de la vida? Más bien una vida que camina en círculos. Un corazón camina en círculos. Una voluntad que se mueve en círculos. No un callejón sin salida. Pero tampoco una salida. No una realidad mediocre. Pero tampoco una realidad.

*

Todo culminó cuando alcancé los doce años y me topé con las obras del marqués de Sade, que se añadieron al desastrado matrimonio de mis padres y a las peleas cotidianas. Así fue como tuve la certeza, contra todo pronóstico y el de mis soñadoras amigas, de que no existía el «hombre ideal», solo el «hombre del momento». No había ningún «caballero de brillante armadura», ningún «príncipe azul», ningún «final feliz».

Carpe diem. Todo tiene fecha de caducidad, sobre todo las relaciones. Hubiera sido difícil encontrar a una adolescente más cínica y desencantada. ¿Mis lecturas favoritas de aquel entonces? *La filosofía en el tocador* y *La Venus de las pieles*.

Es por esto que toda mi vida adulta ha sido un inútil caminar en círculos. He sido una luchadora aguerrida en muchos aspectos, menos en asuntos del corazón. En el amor he sido la reina del plan B. Nunca llegué al final del plan A. Suponía de forma automática que no iba a funcionar, así que pasaba al plan B. En cuanto al plan

B, tampoco importaba si no funcionaba porque siempre había un plan C. Sí. He sido la reina de los planes B, C, D, etc.

Mis amigos decían que era sabia. Visionaria. Despierta. Previsora. Escéptica. O simplemente una desgraciada, por abandonar a hombres sin pensarlo dos veces. ¿Pero por qué tengo la sensación de haber sido cobarde? Una mujer que estrecha en la mano una bomba que es ella misma y espera que no le explote en la cara un día. O también: ¿cómo llamas a alguien que usa la salida de emergencia aun cuando no hay un incendio?

*

Naturalmente el hecho de haberme casado a los veinte años con alguien a quien había conocido a los dieciséis solo empeoró las cosas. El matrimonio, en aquel entonces, era la única vía de salida de mi casa y mi primer paso hacia mi transformación en «jefa de mí misma». También empeoró las cosas el hecho de ser yo una esposa virgen (vergüenza, vergüenza) y de no entendernos en la cama. Uno no debería casarse sin tener experiencia de intimidad con la «persona escogida» (en efecto, uno no debería en absoluto casarse, pero hablaré de esto más adelante). A muchos de vosotros lo que digo podría pareceros evidente (me refiero a la experiencia del sexo prematrimonial), pero no era así en el Líbano de finales de los ochenta. Diablos, ni siquiera es así en el Líbano de ahora. En un reciente reportaje grabado en Beirut por la realizadora libanesa Amanda Homsi-Ottosom (Black Unicorn Productions), que vive en Londres, la mayoría de los veintitantos jóvenes a los cuales se preguntó si se casarían con una mujer que no fuera virgen contestó que no. Y la encuesta se hizo entre jóvenes universitarios. En 2011. En un país considerado como la «Suiza de Oriente Medio».

Poco después de esta infeliz primera experiencia, tanto yo como mi marido nos convertimos en adúlteros insatisfechos crónicos, siempre en búsqueda de algo más, de la «hierba más verde del otro lado de la valla». Como podéis imaginar, no me gusta la expresión «adúltero», por su connotación religiosa (prefiero la expresión «amante en serie»), pero no me duele usarla, sobre todo porque hace enojar a muchos árabes llenos de prejuicios sociales: como sabéis, somos conocidos por apedrear (tanto literal como metafóricamente) a esa especie en su versión femenina y por celebrarla en su versión masculina (el síndrome de la puta contra Casanova). No importa si la mayoría de la gente lo hace a escondidas y lo condena en público; no importa si la doble vida representa para muchas parejas una solución «práctica», mejor que el tortuoso camino de un divorcio religioso que pondría en peligro su estatus social. Pero está bien. Siempre pensé que ser marginada por una sociedad hipócrita sería lo mejor que me podría ocurrir. Y tengo que admitir que hice mucho para que esto ocurriera; siempre he luchado por ser fiel a mí misma y a mis ideales, no por lo que a otros les hubiera gustado que fuese.

Mi apreciación de mí misma nunca dependió de lo que mi familia, mis amigos, los hombres, la sociedad, etcétera, pudieran pensar de mí. Y siempre he evitado por todos los medios medir mi mérito con ojos ajenos, porque este es el verdadero pecado de «adulterio» –que uno se traicione a sí mismo–. Como decía mi querido Marqués: «¿Dices que mi manera de pensar es inexcusable? ¿Y crees que me importa? Loco es el que adopta la manera de pensar de otros».

*

Claramente, en cierto momento me cansé de esa doble vida y decidí ser más fiel a mí misma y enfrentarme al divorcio como a un riesgo implícito en todo matrimonio. Viene incluido en el paquete (menos en algunas felices excepciones que solo sirven para confirmar la regla). No me importó que la gente de mi país tratase a una mujer divorciada con condescendencia, con desprecio, con intolerancia o con pena (puesto que siempre la culpa es de *ella* cuando el matrimonio no funciona). Y ya estaba cansada de fingir orgasmos para complacer a los hombres: el sexo era algo que tenía que ver *conmigo*, tanto o más que con ellos. Y la única manera que tenían para complacerse era satisfacerme de verdad. La satisfacción tiene que ser un premio muy bien (y mutuamente) obtenido.

En mi búsqueda a ciegas estuve con muchos hombres. Hombres altos. Hombres bajos. Hombres gordos. Hombres delgados. Hombres jóvenes. Hombres viejos. Hombres guapos. Hombres feos. Hombres trabajadores. Hombres perezosos. Hombres creativos. Hombres racionales. Hombres locuaces. Hombres silenciosos. Hombres elegantes. Hombres informales. Hombres sonrientes. Hombres de ceño fruncido. Hombres rápidos. Hombres lentos. Hombres depravados. Hombres despojados. Hombres belicosos. Hombres diplomáticos. Hombres furiosos. Hombres serenos. Hombres ambiciosos. Hombres desesperados…

Pero siempre podía prever exactamente cómo cada uno sería capaz de decepcionarme (por «un mecanismo de autodefensa debido al miedo a la intimidad/el apego/el compromiso», diría un psicólogo); y cada vez acabé dándome cuenta de que esos hombres eran verdaderamente «enemigos». No *mis* enemigos, sino *sus* enemigos, enemigos de ellos mismos. Por eso largarme era tan fácil.

Pero ¿cómo no podrían la mayoría de los hombres ser enemigos de ellos mismos? Hay demasiadas presiones (ridículas o atemorizantes) sobre ellos desde la infancia; por no hablar del acondicionamiento de género que acompaña las presiones (celeste/rosa, fuerte/débil, activo/pasivo, cazador/presa, triunfador/perdedor, etcétera). Sobre ellos se ejerce demasiada presión para que vivan una vida de fantasía: «Los chicos son fuertes. Los chicos no lloran. Los chicos no se rinden. Los chicos no temen nada. Los chicos hacen la guerra. Los chicos deben tener una erección espectacular cuando llega "el momento". Los chicos no se encariñan. Los chicos siempre tienen que dar prueba de que son "varoniles"». ¿Y cuál es la principal característica de este ser «varoniles»? No ser sensibles, naturalmente.

Pero obviamente los chicos están asustados. Y son sensibles. Esta es la realidad. Y tienen «derecho» a estar asustados y a aceptar su sensibilidad y a rechazar el contraproducente ideal de Superman. Tan solo así podría empezar a darse un verdadero cambio en las dinámicas de las relaciones, rompiendo el los moldes deteriorados y el prototipo.

Las chicas necesitan sentirse capaces e influyentes, en lugar de víctimas; los chicos necesitan sentirse humanos, seres humanos: vulnerables, auténticos antihéroes, en lugar de campeones invencibles.

Desgraciadamente sabemos que si en este mundo un chico sensible trata bien a una chica solo obtiene el resultado de ser suplantado por un cretino caradura que la tratará como a una mierda. Hablo de mujeres educadas y liberadas que tienen amigos, amantes, maridos sensibles esperándolas en casa... Hay algo profundamente equivocado en la psique femenina que constantemente surte a estúpidos machos alfa de filas de mujeres disponibles y complacientes. Louis Lane es un ejemplo de este corrientísimo espécimen femenino. Y esta es la razón por la cual también las mujeres deben actuar en este proceso de cambio. Todo esto me hace pensar en cómo a las mujeres se nos enseña, consciente o inconscientemente (no hay mucha diferencia) a amar a nuestros torturadores (el famoso síndrome de Estocolmo). Esto me hace pensar en cómo yo, por ejemplo, sentía una perturbadora atracción sexual hacia hombres predadores y egoístas, los mismos que odiaba cuando usaba el cerebro en lugar de la libido: en la arrogancia masculina había algo que me atraía (y no me da vergüenza admitir que a veces aún me gusta un poco esa arrogancia, cuando no pasa el límite de mi ego y de mi dignidad). Esto me hace pensar también en las tendencias al masoquismo y de cómo pueden arruinar una relación (y una vida entera) si se convierten en parte de un modelo relacional destructivo, en lugar de ser un simple juego sexual entre dos adultos que consienten.

En cuanto a este punto, es hora de explicar por qué me gusta tanto el marqués de Sade, más allá de lo mucho que significa para mí el hecho de que me liberó como escritora y de que nunca ha diferenciado entre actitudes normales y anormales en la sexualidad, algo fundamental en mi filosofía y en mi escritura. Claro que la admiración que siento por él para muchos es una aberración, puesto que se le considera como el escritor misógino por excelencia. Pero no le quiero ver como un misógino. Para mí no se le puede ver solo como alguien que odiaba obsesivamente a las mujeres y gozaba torturándolas en sus páginas. Era un valiente aventurero del alma humana, uno que supo escarbar más profundamente que cualquiera, incluso a día de hoy. Además, creo que la imaginación erótica no debe (y no debería) ser sometida a las políticas de género. Cuando el principio de la igualdad entre hombres y mujeres se lleva al terreno del sexo puede transformarse en una carga y en una fuente de inhibición, y deja de ser una puerta hacia la excitación sexual. Es por esto que muchas mujeres fuertes y realizadas tienen fantasías sexuales de sometimiento y sado-masoquismo, y aman jugar a rendirse. El deseo sexual se encuentra más allá de la voluntad y del pensamiento. Las expresiones «políticamente incorrecto», o «discriminatorio», o «no permitido» no tienen lugar entre dos adultos que consienten que están en la cama, siempre que la situación no se extrapole, y tanto el hombre como la mujer sepan que «lo que pasa en la cama se queda en la cama».

*

Seguramente no mejoraba la situación el hecho de que me sintiera apagada, en cuerpo y alma, por la asquerosa doble moral que tenía a mi alrededor, viendo a algún supuesto superhéroe y/o a algún cobarde capaces de negarlo todo. Pero lo aceptaba. Los aceptaba a ellos, quiero decir. Si no hay grandes expectativas no hay grandes decepciones. Es una fórmula segura, ¿no?

Sin embargo, cuando llegué a los cuarenta (¿acaso no sería más acertado decir: cuando los cuarenta me llegaron?), pensé:

«He ayunado durante cuarenta años. ¿Dónde estará ese diablo tentador?». Cuando llegué a los cuarenta me cansé de las fórmulas seguras, me cansé de los «hombres del momento», y decidí hacer un salto mortal; empecé a desear al «hombre ideal». Fue entonces cuando decidí dejar de entrar en las relaciones con un previo desencanto. Entendí que entre «descuido» y «despreocupación» hay un abismo que tenía que superar, sangrando pero ilesa. Decidí arrepentirme de las cosas que había hecho, más que de las cosas que no había hecho. Y decidí decirme: «Basta de entrar y salir. Ahora quiero un proceso de entrar y quedarse. Culpable de los cargos, los ojos bien abiertos».

No fueron necesarios muchos hombres para demostrarme que estaba equivocada: solo uno. Mi alma gemela. El único que podría sabotear sin quererlo mi intencionado sabotaje.

Pero ¿al crecer no deberíamos abandonar nuestras ilusiones? ¿Acaso estoy creciendo al revés? O esto o los cuentos de hadas son parte de la inevitable debilidad humana. Ser un poco esquizofrénicos es normal si eres libanés: es algo que viene con el paquete.

*

A pesar del anterior escepticismo, es así como empecé a pensar que estamos partidos en dos. En el mejor de los casos. Tan solo fragmentos y pedazos. Y sin embargo la pregunta no es «¿dónde está la otra mitad?», sino «¿existe la otra mitad?» ¿Debemos creer que existe o mejor mirar para otro lado? ¿Prevenir o curar? Debe existir una tercera alternativa. *Tiene* que existir.

No me malentendáis: no me he convertido en una torpe romántica. Aún quiero encontrar mi «marqués de Sade». Pero ahora quiero enamorarme de él. Y como me conozco, debería añadir: durante más de dos semanas.

4. El desastroso invento del monoteísmo

El verdadero eje del mal está constituido por el cristianismo el judaismo y el islam. La religión organizada es la mayor fuente de odio en el mundo: es violenta, irracional, intolerante, aliada del racismo, del tribalismo, de la intolerancia, que apuesta por la ignorancia, hostil a la libre investigación, desdeñosa con las mujeres y opresiva con los niños.

Christopher Hitchens

El poema

Dar las gracias

Gracias Señor
por el *tsunami* en Indonesia
por el huracán Katrina
por el último terremoto en Japón.

Gracias por la Primera Guerra Mundial,
por la Segunda Guerra Mundial,
y por las secuelas que nos enviarás
la Navidad que viene.

Gracias Señor
por los niños que mueren de hambre en África
por los niños que mueren por el odio en Palestina.

Gracias por George Bush, Mahmoud Ahmadinejad
y por el adorable Adolf Hitler.

Gracias por las erupciones volcánicas, los ciclones y los impactos
de meteoritos;
por Hiroshima, Chernobyl y la masacre de Qana;
por el sida, el cáncer y el párkinson.

Gracias Señor
por la ceguera, por los accidentes de coche,
por los racistas, los violadores y los pedófilos.

Y gracias por las monjas
y gracias por los curas
y gracias por los ayatolás
y gracias por los wahabitas.

Gracias por el cólera y los accidentes de avión,
por los huérfanos, las viudas y los niños pordioseros.
Gracias por las minas terrestres
y por esos extraordinarios juguetes
que son las armas de destrucción masiva.

Oh, y antes de que se me olvide:
gracias, gracias por el agujero en el ozono
(quiero un tono de bronceado más oscuro).

Luego gracias Señor por Al Qaeda,
por el burka y por *Playboy*,
gracias por la opresión de las mujeres, por los delitos de honor,
por la venganza y la injusticia.

Gracias por los desamores, los engaños y las decepciones,
por las falsas promesas y los sueños robados.
Gracias por las pesadillas
y por las vidas reales que se les parecen.

Gracias por las personas de mente estrecha
y por el estúpido y por el cruel.

Gracias por los que apuñalan por la espalda, por los que golpean
[a las mujeres,
por los tiburones de Wall Street y los asesinos en serie.

Gracias por las cucarachas y los dictadores
(es bueno saber que sobrevivirían a la bomba atómica).

Gracias Señor
por el juicio final, por la comida rápida,
por el vello corporal y los penes pequeños.
Y gracias por el matrimonio, y gracias por el infierno
(que son un amable detalle).

Pero sobre todo, Señor amado,
gracias por Dios.
Porque entre todos los desastres que cometiste,
la verdadera obra maestra
eres TÚ.

La diatriba

Por qué no

> No puedo creer en un Dios que quiere
> constantemente ser alabado.
>
> FRIEDRICH NIETZSCHE

No creo en Dios porque prefiero ser esposada por mi amante que por una ilusión.

No creo en Dios porque al andar prefiero dar traspiés y cojear, en lugar de usar muletas sobrevaloradas.

No creo en Dios porque prefiero crear mis propias reglas (y luego romperlas).

No creo en Dios porque no quiero un Gran Hermano que me controle.

No creo en Dios porque quiero ser buena por amor a la bondad, y no por una especie de premio ulterior.

No creo en Dios porque quiero ser disuadida de hacer el mal por mi elemental decencia humana, no por el terror a ser quemada.

No creo en Dios porque no soy experta en monólogos y conversaciones de un solo sentido.

No creo en Dios porque prefiero los inventos que mejoran la vida.

No creo en Dios porque no quiero posponer infierno y paraíso. Me gustaría más vivirlos aquí y ahora.

No creo en Dios porque si verdaderamente existe y todo lo que pasa depende de su voluntad, no merece mi fe, después de todo.

No creo en Dios porque soy mujer, y él prefirió verme como una costilla y no como un todo.

No creo en Dios porque he aprendido a darme palmadas en el hombro sola, y a señalarme la cara con mi propio dedo.

No creo en Dios porque, para ser omnipotente, hizo un pésimo trabajo al elegir a sus representantes.

No creo en Dios porque sé muy bien cómo arruinarme sola.

No creo en Dios porque prefiero la libertad y la elección a la intimidación y el soborno.

No creo en Dios porque todo niño que sufre en el planeta hace más difícil que crea en él.

No creo en Dios porque necesita ser temido y adorado, lo que demuestra su inmensa inseguridad.

No creo en Dios porque yo soy mi propio dios.

Y prefiero creer en mí.

La narración

No desearás la mujer de tu prójimo, y tampoco su asno

> Está bien. Entonces iré al infierno.
>
> MARK TWAIN

Entre una madre que me arrastraba a misa todas las mañanas de domingo y un pelotón de monjas que arrastraban a las estudiantes a misa todas las tardes de miércoles, estaba entrampada en un estado de «santa dicha». Conocía de memoria la liturgia y los ritos católicos (y aún los conozco), pero esto no era suficiente para hacer de mi retorcido yo un ferviente devoto. En la escuela usaba el tiempo de la misa para revisar las tareas o para leer mis libros favoritos. En cuanto era posible solía escoger un lugar tranquilo en la iglesia, supuestamente para favorecer mi contemplación espiritual y mi (muy necesario) acto de penitencia. Entonces escondía un libro dentro del gran tomo de plegarias que nos daban para seguir la ceremonia y murmuraba las palabras sagradas con los labios, como un robot, mientras seguía leyendo atentamente (la multitarea naturalmente es un arte femenino). A los trece años mi placer favorito era leer literatura libertina durante la misa (la transgresión es, por otro lado, un arte católico). Cada vez que encontraba en la biblioteca de mi padre un libro «malo», lo apartaba para poderlo leer durante la misa. Una dulce venganza, digamos.

También me hice un divertido repertorio de falsos pecados para la confesión. Era un excelente método de entrenamiento para mi imaginación. No tuvo que ser una diversión para el pobre cura escuchar mi delirio semanal y mis fantasmas. Un día, acababa de terminar de leer *Emmanuelle: la felicidad de una mujer*, de Emmanuelle Arsan, corrí a decirle que había besado en los labios a una de mis compañeras de clase (siento tener que aclarar que era una simple invención). Mientras contaba los falsos pormenores de cómo el diablo había tentado a la casta adolescente que era, pude sentir cómo su respiración se hacía más rápida y afanosa. En otra ocasión le confesé que en mi mente se habían asomado «malas» preguntas. Cuando me preguntó cuáles, contesté: «¿se masturban las monjas? Y si lo hacen, ¿no es un pecado en contra de su voto de castidad?». A pesar de la reja que nos separaba vi que casi dio un brinco en la silla. No recuerdo lo que me dijo, ni cuántos Ave María tuve que rezar para obtener la deseada absolución, pero a duras penas pude contener mis ganas de reír.

Bendíceme Padre porque no he pecado lo suficiente... hasta ahora.

*

Después de esta confesión, dejadme refrescaros la memoria con lo que sigue:

• «Porque el varón no procede de la mujer, sino la mujer del varón, y tampoco el varón fue creado por causa de la mujer, sino la mujer por causa del varón». Nuevo Testamento (Corintios, 11: 8-9).

• «Alabado seas, rey del universo, por no haberme hecho mujer». El Siddur, libro judío de plegarias.

• «Los hombres están por encima de las mujeres, porque Dios ha favorecido a unos respecto de otras y porque ellos gastan parte de sus riquezas en favor de las mujeres. Las mujeres piadosas son sumisas a las disposiciones de Dios; son reservadas en ausencia de sus maridos en lo que Dios mandó que fuera reservado. ¡Amonestad a aquellas de quienes temáis que se rebelen, dejadlas solas en el lecho, pegadlas!». El Corán, asura ɪv, Las Mujeres.

Las anteriores son citas de libros muy conocidos, que creo resultan familiares a la mayoría de vosotros. Son libros de las tres religiones monoteístas que compiten, como acabamos de ver, en el esfuerzo de afianzar los modelos patriarcales –humillando a las mujeres, al definirlas como propiedad de los hombres, y permitiendo su opresión–.

Alguien podría objetar: «Estas solo son citas. Es científicamente inexacto e intelectualmente deshonesto generalizar a partir de pormenores». Una objeción a la cual respondería: «Tienes razón. Pero una lectura meticulosa de estos y de otros libros y de sus enseñanzas solo revelaría, en el mejor de los casos, cierta "indulgencia" y tolerancia (que *ellos* llamarían respeto) hacia las mujeres; indulgencia y tolerancia que no cancelaría la arrogancia que, en efecto, surge de una insultante convicción de superioridad que solo es una discriminación, tan severa como deliberada».

Otros podrían observar: «Estos libros son muy antiguos y reflejan un ambiente social diferente, en el cual estos tipos de discurso podrían ser justificados». A lo cual yo podría responder: «Sea. Supongamos que yo, como abogado del diablo, estoy de acuerdo con la legitimidad de esta opinión, y que puedo superar la falacia inicial. Pero si este es el caso, ¿por qué estos libros siguen, en pleno siglo xxɪ, siendo textos fundacionales capaces de dictar los comportamientos, los pensamientos, los principios y los estilos de vida de tanta gente? ¿Por qué esos textos siguen siendo intocables? ¿Qué intento de reforma interna ha llevado a un cambio real de actitud hacia la imagen de la mujer desde la perspectiva de las religiones monoteístas organizadas, contribuyendo así a la recuperación de su dignidad e igualdad con los hombres, no solo en palabras sino en los hechos?

¿Demasiado vago? Dejad que me presente como ejemplo y que responda a la siguiente pregunta: soy una mujer libanesa, pero ¿también soy una ciudadana libanesa? No, en la medida en que la religión a la cual fui adscrita al nacer (no nos escogimos la una a la otra) es la que regla mi situación, mis relaciones, mi posición en la vida, desde la cuna hasta la tumba. No, puesto que fui inscrita en el registro público como católica, me casé por primera vez por los ritos de la Iglesia Católica y he tenido hijos que figuran como católicos. No, mientras no pueda viajar al extranjero con mis hijos sin la necesidad de un permiso de su padre y que él sí pueda hacerlo cuando quiera sin necesidad de un permiso mío. No, mientras nuestro gran Gobierno siga excluyendo a las mujeres. No, mientras a las mujeres libanesas se les niegue el derecho a otorgar su nacionalidad al esposo y a los hijos. No, mientras los líderes políticos y religiosos de nuestro país se nieguen a hacer leyes que castiguen a los hombres que golpean a sus mujeres. No, mientras los mismos líderes políticos y religiosos se nieguen a criminalizar la violación dentro del matrimonio, afirmando que «tal cosa no existe» (lo que significa que el hombre tiene el derecho absoluto a disponer del cuerpo de su esposa como y cuando lo considere necesario).

Los libaneses no somos ciudadanos, no mientras sigamos preguntándonos «¿de qué religión eres?». No, mientras difundamos sectarismo, despreciemos al «otro» (¿quién es este otro?, me pregunto) y practiquemos chovinismo y discriminación. No, mientras continuemos siendo un conjunto de confesiones en lugar de una nación. No, mientras la vida política de este país siga dependiendo de la afiliación religiosa de sus líderes. No, mientras tengamos una ley de la edad de la piedra que encarcela a los homosexuales por la única razón de su preferencia sexual, que las religiones condenan. No, mientras ese oasis de oposición y libertad de los cincuenta y sesenta perdure solo como oasis para los opresores. No, mientras la gente tenga que ir a Chipre para casarse por el rito civil, una unión que nuestro Estado reconoce (y nuestras agencias de viajes anuncian en las vallas publicitarias), pero que no está permitida aquí: una de las muchas manifestaciones de la gran duplicidad que padecemos, de la cual podría dar infinitos ejemplos.

Vergüenza para el país que afirma ser una «república democrática» pero carece de una sociedad civil laica y libre de las reglas de figuras y leyes religiosas. Y no me digan que Líbano representaría una «ilustrada y moderna excepción en la región»: la gente que lo dice nos compara con Arabia Saudí. Pero ¿acaso la comparación sobre quién o qué es peor no es una forma de cobardía y negación? ¿No sería más honroso compararnos con «los mejores», tratando así de mejorar, en lugar de conformarnos con una satisfacción poco convincente e ilusoria?

Tampoco me habléis de los «delicados equilibrios» que habría que considerar en un Líbano multiconfesional. Solo es una justificación para perpetuar el feudalismo, el espíritu sectario y la inmoralidad. Solo sirve para seguir permitiendo que las religiones monopolicen nuestras vidas y legitimen su influencia política, social y económica sobre nosotros.

*

Así que vayamos al grano del asunto: ¿podemos ser cristianos, musulmanes o judíos y oponernos al patriarcado, y defender la igualdad de género desde el interior de nuestras religiones? Responder «sí» solo es una de las muchas expresiones de la negación en la cual vivimos. Las tres religiones tienen la misma actitud hacia las mujeres: opresiva y misógina. ¿Cómo podría ser diferente, si las tres nacieron en el área del Mediterráneo, región geográfica y social en la cual los valores patriarcales están arraigados? Como dos monstruos que se alimentan mutuamente y sobreviven gracias a la ignorancia y al miedo de la gente. Como dice la historiadora belga Anne Morelli: «La milenaria duración de la religión se debe a su oportuna intromisión en la conciencia infantil y a su permanente violación de la libertad por medio de información forzada, característica de todo tipo de condicionamiento».

Obviamente no han sido las religiones monoteístas las que inventaron el patriarcado: este existía desde antes. Pero ellas lo institucionalizaron y lo reforzaron, en lugar de acabar con él, y esta es una buena razón para mí, que soy mujer, para rechazarlas y combatirlas. Si el dios que inventaron fuese verdaderamente «compasivo», «amoroso» y «clemente» como ellos dicen que Él es (y no me hagáis hablar de la naturaleza masculina de su divinidad), ¿no hubiera tenido que establecer una visión equitativa de la humanidad?

Las tres religiones organizadas no solo son discriminatorias respecto a las mujeres, sino que son, las tres, racistas, sexistas, homófobas, crueles, sangrantes y discriminatorias respecto a toda la humanidad, a la libertad y a los derechos humanos. Discriminan incluso al sentido común. Son instituciones machistas y de poder dirigidas a controlar la vida de la gente. A lo largo de su historia, las tres se han servido de la guerra y el terrorismo para promover sus objetivos y resistir a las fuerzas laicas que amenazaban su existencia, sin olvidar que su actitud discriminatoria ha promovido sistemáticamente la violencia en contra de los que consideraban como forasteros.

Muchos asocian este uso de la violencia con el islam, pero esto distorsiona la historia y la realidad. Casi todo el mundo ha oído hablar de Al Qaeda y Hizbulah, pero ¿cuántos han oído hablar de Hutaree, una milicia cristiana involucrada en muchos actos de violencia, cuyos miembros se describen como «soldados de Cristo preparándose para la llegada del anti-Cristo»? ¿Cuántos han oído hablar del Ejército de Dios (AOG), una organización terrorista cristiana antiabortista, que usa la fuerza para combatir el aborto en Estados Unidos y es responsable de asesinatos de médicos? ¿Cuántos han oído hablar de grupos terroristas judíos como el Gush Emunim clandestino o el Brit HaKanaim?

Y es más. Muchos han oído hablar de Osama Bin Laden y del egipcio Ayman Al Zawahiri, pero, hasta hace poco, ¿cuántos habían oído hablar del ugandés Joseph Kony, jefe del Ejercito de Resistencia del Señor (LRA), un grupo involucrado en una violenta lucha para establecer un gobierno teocrático basado en los diez mandamientos? ¿Cuántos saben de las atrocidades que el LRA ha cometido y sigue cometiendo en contra de civiles: homicidios, mutilaciones, violaciones y hasta actos de canibalismo, por no hablar del secuestro de alrededor de 66000 niños para obligarlos a pelear por ellos, y todo en nombre de la cristiandad? ¿Cuántos han oído hablar de John Earl, un cura católico que estrelló su coche contra una clínica en la cual se practicaban abortos y sacó un hacha antes de ser abatido por un guardia de seguridad? ¿Cuántos han oído hablar de los extremistas judíos que han cometido actos de terrorismo en nombre de su propia religión, gente como Baruch Goldstein e Yaakov Teilet?

El académico norteamericano Jack Nelson-Pallmeyer escribe acertadamente: «Judaísmo, cristianismo e islam seguirán contribuyendo a la destrucción del mundo, hasta que cada uno se oponga a la violencia contenida en los textos sagrados y afirme el poder no violento de Dios».

*

Cuando escucho a alguna activista feminista hablando de «feminismo islámico» me deprimo por ese evidente oxímoron. ¿Hasta cuándo seguiremos intentando obtener un verdadero cambio desde el interior del «fruto podrido»? ¿Cuándo nos daremos cuenta de que no hay acuerdo posible entre las enseñanzas monoteístas (como lo han sido hasta ahora) y los derechos y la dignidad de las mujeres?

Es más, normalmente Occidente condena el islam por su récord negativo respecto del trato dado a las mujeres, pero olvida —y nosotros también— que en el judaísmo (según el Talmud) «es mil veces mejor quemar la Torah que entregarla a una mujer»; y que el décimo mandamiento reza: «No desearás la mujer de tu prójimo, ni su esclavo o esclava, ni su buey o su asno, ni cualquier cosa que le *pertenezca*».

Occidente también olvida –y nosotros también– que en las Epístolas de San Pablo a las mujeres se les prohíbe hablar en público y participar en reuniones, y que Jesús no admitió ni a una sola mujer entre sus doce discípulos. En el Nuevo Testamento hay dos tipos de mujer: la puta/pecadora y la virgen/piadosa. La misma manera falocéntrica de dividir el mundo entre blanco y negro, bueno y malo, etcétera.

No solo esto, sino que, hasta ahora, el papa sigue condenando la contracepción. Y no importa que en los países desarrollados el 98% de las mujeres católicas utilice la píldora para controlar la natalidad. Lo que más importa es perpetuar la negación; tenemos que seguir creyendo que cada vez que un hombre penetra a una mujer el Espíritu Santo planea sobre ellos (cual *voyeur* pervertido de creación divina); y que el sexo es una práctica «sagrada» inventada con el único fin de la procreación. Con esta lógica yo debería haber tenido sexo tan solo dos veces. Católicos, contemplad vuestra fábrica de frustraciones llamada Vaticano.

Además, hasta ahora, el papa depende del carácter masculino de la Iglesia patriarcal, observando con recelo a cualquier mujer que se acerque a la institución en cualquier contexto ecuménico, y cuidando de que no tenga algo de autoridad sobre él. El poder es para el originario, no para la «costilla». Y las tiaras doradas de los obispos son demasiado pesadas para las cabezas de mujer.

Sobre este tema, me llamó la atención que al principio de 2011 casi cincuenta eclesiásticos de la Iglesia anglicana pasasen a la católica porque la primera había declarado que permitiría a las mujeres ser ordenadas obispo. La historia creó un torbellino de polémicas y críticas en ambas Iglesias. Lo que más me interesó de la cuestión fueron sus obvias implicaciones discriminatorias: uno de los portavoces del Vaticano, Federico Lombardi, afirmó que el Vaticano consideraba el intento de ordenar mujeres sacerdote como un «delito muy grave», al mismo nivel que la pedofilia. ¿Cómo puede una mujer con una pizca de dignidad leer esto sin enfurecerse? ¿Y qué pensar del monseñor italiano Arduino Bertoldo, quien recientemente declaró que si las mujeres son violadas tienen la culpa, por provocar al violador? El siguiente paso será obligar también a las católicas a que se pongan el burka para proteger a los hombres de sus gracias. Y todo esto mientras se difunde a nivel mundial la saga de niños violados y sacerdotes violadores.

¿Acaso es mejor el judaísmo? Claro que no. No me meteré profundamente en el asunto porque no ha sido un directo responsable de mi crecimiento, como lo han sido en cambio el catolicismo y el islam. Pero sé a ciencia cierta que hay una continua discriminación de las mujeres por parte del los judíos ultraortodoxos, en un país que declara falsamente ser la «única democracia de Oriente Medio». En primer lugar, no existe democracia en Oriente Medio. En segundo, el incesante horror perpetrado por el Estado israelí en contra de los palestinos debería impedir toda pretensión de democracia.

No voy a buscar más ejemplos y preguntas. Son demasiado numerosos para ser enumerados y esto no es, en todo caso, el propósito del libro. Pero para ser más clara, aun a costa de banalizar las cosas, declaro que mientras se prohíba a una mujer ser jefa de la Iglesia católica, seguiré exhibiendo la misoginia de tal Iglesia. Mientras los hombres musulmanes no se pongan también el burka, seguiré denunciando que el burka es un instrumento de opresión y discriminación de las mujeres, y una humillante restricción en sus vidas. Y que nadie se atreva a decir que estas ideas mías son el resultado de un virus «occidental» que contraje (típica acusación arrojada en el rostro de todo árabe que defienda el secularismo, la libertad, la igualdad de las mujeres, etcétera). Los derechos humanos son universales, no un monopolio occidental. Volved a leer la

Declaración Universal que la mayoría de los países árabes (en teoría) han suscrito y sabréis a qué me refiero.

*

En todo el mundo la liberación femenina ha tenido lugar en un contexto secular, y es importante –y vital– recordarlo. Por cierto, el secularismo no es el único garante de la igualdad de géneros. En Francia, por ejemplo, la separación entre Estado e Iglesia se remonta a una ley de 1905. Pero a las francesas el derecho de voto les fue otorgado cuarenta años después de la aprobación de esa ley. Y en la actualidad los salarios de las mujeres francesas son un 25% más bajos que los de los hombres. Por tanto, el secularismo no basta; es una condición necesaria, aunque no suficiente, para alcanzar la igualdad.

¿Cómo podemos cumplir esa condición en nuestros complejos Estados árabes, en los cuales no hay separación entre religión y Estado en la mayoría de los casos? No pretendo tener la respuesta. Mis palabras tienen el único fin de denunciar las difíciles circunstancias en las cuales nos toca vivir. Pero es una pregunta que todas tenemos que hacernos e intentar responder por medio de esfuerzo intelectual y de activismo social, legal y político.

Empecemos deseando con fuerza el tipo de sociedad libre, secular y civil que merecemos, y trabajemos para realizarla, fuera del lavado de cerebro monoteísta que nos sojuzga. Entonces, y solo entonces, podremos hablar de un verdadero cambio positivo en el mundo árabe.

Ni un minuto antes.

5. El desastroso invento del pecado original

Enséñame una mujer que no se sienta culpable
Y yo te enseñaré un hombre.

ERICA JONG

El poema

Volver a empezar

Estoy cansada de ser una buena chica.
Sé mi manzana prohibida.
Déjame encajar mis dientes en tus muslos,
deja que tu sangre escurra por mi mentón
para que me echen
una vez más
del paraíso.

Estoy cansada de ser una chica mala.
Toma mis lujuriosas caderas
toma mis húmedos labios
y devuélveme ese último momento de inocencia
justo antes del pecado original
para que podamos hacerlo
todo de nuevo
como si fuera la primera vez.

La diatriba

Preguntas políticamente incorrectas

> No me hace falta una alcoba para dar prueba
> de mi feminidad. Puedo transmitir seducción
> tanto recogiendo una manzana de un árbol
> como quedándome parada bajo la lluvia.
>
> AUDREY HEPBURN

¿Cuándo una mujer que se acerca a un hombre dejará de ser considerada como una guarra, mientras que a un hombre que se acerca a una mujer se le considera «seguro de sí mismo»?

¿Cuándo una mujer que ama el sexo dejará de ser llamada ninfómana, mientras que un hombre que ama el sexo es simplemente considerado «varonil»?

¿Cuándo una mujer que engaña a un hombre dejará de ser juzgada como disoluta, mientras que un hombre que engaña a una mujer es justificado por sus «genes polígamos»?

¿Cuándo una mujer en ropa sexy dejará de ser considerada provocativa (por provocar el acoso e incluso la violación) mientras que un hombre vestido sexy es considerado «elegante»?

¿Cuándo una mujer de cincuenta años que está con un hombre de veinticinco dejará de ser criticada por patética, mientras que un hombre de cincuenta años que está con una de veinticinco simplemente «se conserva bien»?

¿Cuándo una mujer exitosa dejará de ser acusada de ganarse los ascensos de cama en cama, mientras que un hombre exitoso es simplemente brillante y está «realizado»?

¿Cuándo una soltera de cuarenta y cinco años dejará de ser descrita como una solterona angustiada, mientras que un soltero de cuarenta y cinco años es descrito como el «soltero de oro»?

¿Cuándo una mujer que acosa sexualmente a un hombre dejará de ser considerada loca, mientras que un hombre que acosa sexualmente a una mujer es simplemente «de voluntad débil»?

¿Cuándo una mujer que goza viendo desnudos masculinos y pornografía dejará de ser una rareza, mientras que un hombre que goza viendo desnudos femeninos y pornografía es visto como la norma?

¿Cuándo una mujer que se fija en el trasero de un hombre dejará de ser descrita como ofensiva, mientras que un hombre que se fija en el trasero de una mujer es descrito como un «admirador de la belleza»?

En fin, la última pregunta, la más importante de todas:
¿Cuándo dejaremos de hacernos todas estas preguntas?

La narración

Lo malo, lo nocivo y lo feo

Nuestro vecino era un exhibicionista. Era viejo, arrugado y asqueroso, y cada vez que me lo encontraba en las escaleras cuando regresaba de la escuela se abría la bata (por alguna misteriosa razón siempre estaba en bata) y me enseñaba su pene rugoso. «Ven acá, tócalo. Sabes que quieres hacerlo», seguía diciéndome mientras yo corría a esconderme en mi casa.

Fue el primer pene que vi en mi vida. No era precisamente la mejor manera de acercarse a la anatomía masculina, y menos la más deseable para una niña. El instrumento era feo y la situación, sórdida. Probablemente por esto, ya en la edad de la actividad sexual, solía cerrar los ojos frente a un hombre desnudo. Quería evitar verlo, costara lo que costara. Sentirlo, pero no verlo. «Evita la decepción y la náusea, mujer». Ni siquiera podía tocar *eso* con la mano. Simplemente me daba asco. Y me tomó mucho tiempo y valor «coger el toro por los cuernos». Pero cuando por fin lo hice, me di cuenta de que no era tan feo. Todo lo contrario.

Una noche sorprendí a mis padres haciendo el amor. Estoy segura de que muchos niños han pasado por la misma experiencia, que es cuanto menos bastante confusa. Él yacía acostado y ella estaba encima, ambos cubiertos por las sábanas (por suerte). Apenas fue una ojeada, ya que volví corriendo a mi cuarto, apenada y turbada, como si supiese que había visto algo que no tenía que ver. «Pillados en el acto». No había entendido de qué se trataba, pero no me había gustado. Me hizo sentir incómoda y asqueada. También me hizo agradecer y hasta desear esas peleas entre mis padres que antes me habían hecho sufrir tanto. En mi mente, si en la tarde se peleaban, luego no harían *eso*. Qué alivio.

¿Era mi ambiente conservador? ¿Eran todas las negativas que tenía que enfrentar, siendo una niña que crecía en una sociedad árabe? ¿Era el hecho de que mis padres nunca hablaban francamente de nada en mi presencia? ¿Era el hecho de que me prohibían ver cualquier programa de televisión en el cual dos personas se pudieran besar? En mi percepción e imaginación el otro sexo siempre se asociaba a la idea de «inmoralidad» (el famoso pecado original) y de ahí venía la idea masoquista de que yo tenía que sufrir para «pagar» cualquier atracción que sintiera hacia los hombres.

*

De hecho, a la mayoría de nosotros se nos ha dicho y enseñado desde tierna edad que: «El sexo es pecado. El sexo es malo. El sexo es nocivo». Y alguien pudo llegar a decir que «el sexo es feo». Sí. Así es como se educa a una amplia mayoría de personas en el mundo árabe, en nuestro supuesto siglo xx. Y sé que cuando digo «amplia mayoría» no estoy arriesgándome a caer en una generalización errónea.

No solamente el sexo es un pecado, es el «pecado original», es decir, el mayor y más malvado de todos, si es que creemos en los escritos difundidos por las tres religiones monoteístas. No importa si es la causa de la existencia de la humanidad –la mayoría no se puede dar el lujo de la «inmaculada concepción»– todavía tenemos que considerarlo el fundamento de todos los vicios; todavía necesitamos creer que Dios hubiera podido inventar otra manera de procrear menos «bochornosa», de no ser por esa malvada de Eva. Porque ¿quién es la mayor responsable de esa abominable depravación? La mujer, naturalmente. La disoluta recolectora de manzanas. Así que el sexo es malo, nocivo, feo. Y es aún peor, mucho más nocivo y feo cuando las mujeres, y en nuestro caso las mujeres árabes, están involucradas. Lo que nos lleva a la gran cantidad de casos de doble moral del mundo árabe. Inútil decir que es imposible enumerar todos los síntomas y pruebas del vigente «síndrome de hipocresía sexual» árabe. Pero intentaré configurar tres de sus mayores engendros:

Mi primer argumento será la horrenda práctica actual de los «asesinatos por honor». Dejad que os presente a Maha. Maha era una joven jordana de veinticuatro años que se quedó embarazada después de ser violada por un vecino suyo. Luego fue asesinada por su propio hermano, por la vergüenza que había arrojado sobre la familia. Fue acuchillada varias veces en el rostro, en el cuello y en la espalda, y también fue macheteada con un cuchillo de carnicero. El vecino culpable lo negó todo y se mudó, y la Tribunal jordana condenó al hermano a seis meses de cárcel, justificando la liviandad de la sentencia debido al «estado de ira» que lo había inducido a actuar irracionalmente en defensa del «honor» familiar. El mismo tribunal dijo también que el «comportamiento vergonzoso» de la mujer se había alejado de las tradiciones de la sociedad jordana y había manchado la reputación de su familia.

En efecto, las leyes jordanas imponen penas reducidas a los hombres que matan a una mujer que deshonra a la familia. Leyes que el Gobierno ha intentado derogar en dos ocasiones, pero inútilmente, a causa la oposición de la Cámara baja del Parlamento (controlada por los islamistas). En consecuencia, si una mujer se atreve a tener sexo extramatrimonial, tanto voluntaria como involuntariamente (como en el caso de Maha), tiene que morir. Pero si un hombre mata a su hermana, se le condena a seis meses de prisión. ¿Es un problema tan solo de Jordania? Ojalá. La Fundación por la Población de las Naciones Unidas calcula que al menos cinco mil mujeres al año son asesinadas por miembros de sus familias por razones de honor. Pero muchas organizaciones femeninas de Oriente Medio creen que el número de las víctimas es, al menos, cuatro veces mayor.

Obviamente los delitos de honor tienen que ver con las mujeres pero no con los hombres. ¿Habéis oído hablar de una mujer árabe que degüelle a su hermano por tener sexo extramatrimonial? Otra y más dolorosa pregunta: ¿hacen las madres de las víctimas algún intento de impedir el delito, en lugar de quedarse, en el mejor de los casos, observando en vergonzoso silencio? (Incluso apoyan a los hombres de la familia). Mejor no seguir. Hay preguntas que no necesitan respuesta.

*

Y ahora pasemos a mi segundo argumento: la virginidad. Se espera que muchas mujeres árabes lleguen vírgenes al matrimonio. Si viviésemos en un mundo normal, este parecería un chiste falto de gusto. Pero no es así. No en el mundo árabe, donde la gente se fija muchísimo en la castidad femenina y en modales y actitudes que puedan comprometer la moralidad de las chicas. No en el mundo árabe, donde se espera que los hombres coleccionen experiencias sexuales (cuantas más, mejor), mientras que las mujeres tienen que esperar con paciencia al último y bendito conquistador a quien ofrecerán sus inmaculadas vaginas (lo que induce a muchas mujeres a practicar penetraciones anales antes del matrimonio: «vírgenes», ¿cómo no?) No en el mundo árabe, donde la noción del honor está ligada a lo que una mujer tiene entre las piernas, y donde las mujeres son consideradas como adquisiciones varoniles. No en el mundo árabe, donde las mujeres son representadas como seres ultraterrenales e inmateriales que de alguna manera nacen sin deseos, instintos o fantasías sexuales.

¿Y adónde conduce todo esto? Entre otras cosas, a la reconstrucción del himen, naturalmente. Algo ampliamente practicado en Líbano y en otros países árabes. O al uso de hímenes artificiales, como los que vienen de China y que han estado a punto de causar un conflicto diplomático entre China y Egipto. Y es que la comercialización en el mercado egipcio de hímenes plásticos de treinta dólares que permiten a las mujeres simular pureza sexual en su primera noche ha suscitado la reacción airada de muchos religiosos egipcios, que empezaron a pedir la retirada del producto, considerándolo una ofensa a los valores y a las tradiciones árabes.

Pero lo que verdaderamente espanta de todo esto, a mi parecer, es cómo las mujeres pueden aceptar esta humillación y renunciar al derecho a disponer libremente de su cuerpo. Muchas jóvenes esposas hasta son arrastradas por las madres al consultorio del ginecólogo para fabricar la mentira.

¿Cuándo empezarán estas mujeres a preguntarse por qué los hombres pueden usar su juguete a su antojo mientras que ellas deben permanecer «puras» (es decir: no folladas)? Si la respuesta es «porque las mujeres deben tratar su cuerpo con respeto» (lo que implica que el sexo es irrespetuoso), entonces ¿por qué los hombres no lo hacen también y nos enseñan cómo lidiarían ellos con la frustración sexual? Además, ¿quién dice que los hombres son mejores que las mujeres en cuanto a tomar decisiones sobre el cuerpo?

Otras (y bastante cínicas) preguntas: ¿Por qué los padres ilustrados no hacen desflorar a sus pequeñas recién nacidas, igual que hacen con sus pequeños haciéndolos circuncidar? ¿No disolvería esto de una vez el absurdo mito de la virginidad, liberando a las mujeres del intolerable peso de su preciada «flor», que necesita ser protegida de «vergüenza y deshonra»? ¿No ayudaría esto a cambiar el punto de vista, permitiendo a la gente ver el himen como realmente es: una inútil membrana y no un regalo precioso para un tipo especial? ¿No nos quitaría de encima ese ridículo dicho árabe que reza: «El honor de una mujer es como una cerilla: solo se prende una vez»? Repito: si viviésemos en un mundo normal, esto sería un chiste sin gusto. No creo que vayan a verme reír en un futuro próximo.

*

Ahora dejad que me enfrente con el último tema que trataré en este capítulo: la mutilación genital femenina.

Alrededor de ocho mil mujeres al día son sometidas a la mutilación genital, y de esta manera son despojadas de su derecho al placer sexual (en Egipto el 97% de las mujeres están sujetas a esta atrocidad. El número total a nivel mundial asciende a casi 140 millones de mujeres). Se cree que esta horrenda práctica puede asegurar la virginidad preconyugal, inhibir el sexo fuera del matrimonio y «curar» la propensión a la masturbación y la ninfomanía, ya que reduce la libido femenina. Así que se usa para controlar la sexualidad femenina (y para dividir a las mujeres en dos grupos, según el modelo patriarcal: las guarras y las castas). De hecho, en algunas sociedades las mujeres que no han pasado por esa práctica son consideradas demasiado sucias para tocar agua y comida, y para algunos grupos el clítoris es «peligroso», capaz de matar a un hombre si entra en contacto con el pene. Y a pesar de todo esto, el calendario insiste en decirme que vivimos en el siglo xxi…

Aparte del hecho de que la escisión femenina representa una abierta violación de los derechos humanos, también conlleva muchos riesgos para la salud, como frecuentes infecciones urinarias y vaginales, dolor crónico y complicaciones obstétricas. Pero lo que más indigna de todo esto es que, como en el caso de los delitos de honor y de la reconstrucción del himen, son las mismas mujeres las que respaldan esta práctica; son las madres las que arrastran a las hijas, generalmente sin su consentimiento, a someterse a la operación, a menudo en malas condiciones sanitarias.

Lo que verdaderamente duele más es que muchas mujeres tienen el descaro de decir que ser tratadas con tanta condescendencia (ser obligadas a guardar la virginidad, a someterse a la mutilación genital, a casarse a los catorce años, a ser sepultadas bajo el burka, etcétera) es lo que «escogen». Tal vez sí, si por «escoger» entienden «ser ninguneadas» o «ser adoctrinadas». ¿De qué otra manera podrías soportar una manera tan insolente, ofensiva y humillante de tratar tu identidad femenina y tu cuerpo? ¿Y cómo puedes hablar de «escoger», si no tienes alternativa? ¿O cuando la alternativa consiste en ser marginada, o golpeada, o azotada en público, o encarcelada, o hasta asesinada? ¿De verdad estas mujeres quieren elegir? Entonces dejemos que elijan su dignidad.

Pero no pongamos el dedo en la llaga. Todavía está abierta y sangra abundantemente.

*

Podría hablar sin parar de estos temas. Podría hablaros de las manifestantes egipcias obligadas por los militares, después de la revolución, a pasar por exámenes de virginidad (han sido reportados muchos casos de violación). O de cómo la joven bloguera egipcia Alia al Mahdi ha sido acusada de «incitación a la inmoralidad, libertinaje y ofensas a la religión» por haber posado desnuda como protesta por el ascenso del salafismo en Egipto, mientras que los mismos que la acusaban agredieron a una manifestante en la plaza Tahrir, desgarrando su camiseta y pateando salvajemente sus pechos desnudos.

Podría hablaros de la campeona libanesa de boxeo Rola El Halabi, a quien su padre disparó en tres ocasiones porque se había ido de casa para vivir con su novio. O de Noor, la estudiante saudí de bachillerato, estrangulada por su hermano mayor, que había descubierto que estaba chateando con un tipo en Facebook. O de la doble moral relativa a los derechos y a la libertad de los homosexuales árabes. (Observad que la mayoría de los árabes heterosexuales consideran «repugnante» la vista de dos hombres besándose, al mismo tiempo que declaran con orgullo que se excitarían viendo a dos mujeres haciendo lo mismo. Observad también que, aun siendo considerada un delito, la sodomía gay es practicada en secreto en muchos países árabes, a causa de la segregación sexual y del hecho de que los que deberían hacer respetar la ley y los que la condenan públicamente son los mismos que la practican). Podría hablaros también de los falsos y exhibidos valores de sociedades como la libanesa, donde la gente se abstiene de publicar los anuncios de sus empresas en una revista erótico-cultural como *Jasad* (*Cuerpo*) por ser demasiado atrevida, mientras que los letreros, los anuncios televisivos y los vídeos musicales están llenos de intensa sexualidad y no se puede encontrar un solo anuncio de frigoríficos sin una mujer medio desnuda encima que debería invitarte a la compra (inútil decir que no se ven hombres casi desnudos invitándote a comprar una nueva cama).

*

¿Os preguntáis qué deberían hacer las mujeres en circunstancias tan discriminatorias? Bien, en un ambiente donde a muchas se les dice que su único lugar es la casa y que su único papel es educar a los hijos, podrían empezar desde lo fundamental: enseñar a hijas e hijos a buscar una vida mejor y más rica. Todos los cambios empiezan con deseos de cambio, y en este proceso la base es la educación. Así que, en lugar de quejarse de sus injustos destinos y de caer, en la educación de los hijos, en el mismo círculo vicioso, podrían empezar a educarlos en tener más respeto y comprensión por el otro sexo, por el cuerpo y la sexualidad, dejando de lado todos los terribles, absurdos y enfermizos complejos que aún estamos presenciando.

85

¿Y qué podría hacer un hombre? Podría empezar por sentirse menos inseguro y menos asustado ante la fuerza de una verdadera mujer. Podría empezar a escuchar a las mujeres, en lugar de limitarse a *mirarlas*. Podría empezar a respetar la mente, la libertad y las capacidades de una mujer, en lugar de reprimirlas. Pero antes de todo podría empezar a creer más en *sí mismo*. Porque es esto lo que el modelo patriarcal implica: una enorme falta de autoconfianza en los hombres.

*

Sexo, luego religión, luego poder. Poder, luego sexo, luego religión. Desde cualquier ángulo que lo consideres, da igual cómo lo veas, siempre es la misma sagrada e intocable trinidad, a cuyo alrededor los tabúes zumban como avispas. Una trinidad con su halo de ignorancia, obviamente; y si le añades frustración, hipocresía, mentiras, doblez y miedo obtienes el mejor caldo de cultivo de enfermedades y trastornos psíquicos.

Volvamos al inicio. El sexo no es malo. Lo malo es nuestra doble moral misógina. El sexo no es nocivo. Lo nocivo es nuestra abominable hipocresía. El sexo no es feo. Lo feo son nuestros fútiles principios sexistas. Y, por último, pero no menos importante, el sexo no es un pecado. Es una básica, bellísima y placentera necesidad humana.

Así que lidiemos con este juego fraudulento de la culpa. Y, sobre todo, dejemos de jugarlo.

6. El desastroso invento del machismo

El hombre es un dios en ruinas.
RALPH WALDO EMERSON

El poema

Piénsalo dos veces

Puedes pensar que eres el pirata invencible
y yo el barco saqueado.
Pero el malvado ladrón
es el único robado.
Así que atento a tu corazón
y a tus labios,
querido Amo.

Puedes pensar que eres el Gran Lobo Feroz
y yo Caperucita Roja.
Y no olvides afilar tus dientes
Al intentar traspasar mi bosque.
Pues es mi carne
la que anhela ser mordida,
querido Amo.

Puedes pensar que eres inexplicable
y yo un libro abierto.
Pero mi claridad es un anzuelo
y tú estás mordiendo la carnada.
Quizá deberías pensarlo dos veces,
querido Amo.

Puedes pensar que eres el cazador
y yo la desesperanzada presa.
Pero el camino es circular
en este juego de la cacería.
Así que cuida tus espaldas,
querido Amo.

Puedes pensar que eres la espada
y yo la garganta cortada.
Pero soy maestra de Salomé,
y tú mi chivo expiatorio.
¿Esa cabeza en el plato?
No es otra que la tuya
—es decir: mía—,
querido Amo.

La diatriba

El reglamento del macho

> Al hombre se le define como un ser humano y a
> la mujer como una hembra. Cada vez que ella se comporta
> como un ser humano se dice que imita al hombre.
>
> SIMONE DE BEAUVOIR

«No desobedecerás» – el padre machista
Lo que significa: primero haz lo que se te dice, y luego piensa. Y es
incluso mejor si no piensas.

«No serás otra cosa que mi madre» – el hijo machista
Lo que significa: tu existencia está definida por la mía. Y tu única
función en la vida es la de alimentarme, cuidarme y servirme.

«No perderás tu virginidad antes de la boda» – el novio machista
Lo que significa: tengo que ser el primero y el último de tu vida.
En cuanto te despose, serás de mi propiedad.

«No tomarás parte en la vida política de tu país» – el político machista
Lo que significa: naciste para obedecer, mientras que yo nací para
mandar.

«Tú no serás tomada en serio» – el intelectual machista
Lo que significa: tú existes para escuchar, y no para expresar opiniones.

«Tú no ganarás tanto como un hombre» – el colega machista
Lo que significa: tú tan solo tienes un trabajo, mientras que yo tengo carrera y ambiciones.

«Tú no enseñarás tu cabellera en público» – el fanático religioso machista
Lo que significa: tú eres objeto de tentación, y es tu responsabilidad protegerme contra mi incapacidad de verte como a un ser humano.

«Tú no esconderás tus tetas en público» – el pornógrafo machista
Lo que significa: tú eres objeto de tentación, y es tu responsabilidad justificar mi incapacidad de verte como a un ser humano.

«Tú no dirás lo que piensas» – el censor machista
Lo que significa: cállate y sigue al rebaño.

«Tú no aspirarás a nada fuera del matrimonio» – el sistema social machista
Lo que significa: tu vida no vale nada, hasta que encuentres un marido.

«Tú no preferirás leer a cocinar» – el educador machista
Lo que significa: ¿para qué informarse y educarse, si el camino hacia el corazón de un hombre pasa por el estómago?

«Tú no gozarás del sexo» – la comunidad reprimida machista
Lo que significa: tú no tienes necesidades sexuales. En el momento oportuno, cuando llegue un buen marido, tan solo tendrás que abrir las piernas y simular un orgasmo para complacer su ego.

«Tú no escribirás libros políticamente incorrectos como éste» –
todos los machistas que conozco
... Y sin embargo lo hago. Y siempre lo haré.

La narración

Las pelotas tienen precio

> A las mujeres se les enseña a disculparse por sus
> fortalezas, a los hombres por sus debilidades.
>
> Lois Wyse

Conocí al señor X. Parecía lo más cercano posible al hombre perfecto; el tipo de hombre con el cual tus genes ruegan por tener una hija: educado, cumplido, inteligente, divertido y guapo, lo que no molesta. Tenía confianza en sí mismo, no padecía del complejo de Edipo (la mayoría de las libanesas son fábricas de «hijos de mamá») y no era fanáticamente posesivo. Además, parecía más impresionado por mis logros que por mi aspecto físico, y apoyaba mis ambiciones, hasta las menos realistas. Llevaba escrito encima: «Todo el paquete».

Llevábamos saliendo juntos tres semanas cuando la noticia de un crimen horrible sacudió al país. En un bosque aislado se había encontrado el cadáver de una joven de diecinueve años. Había sido secuestrada, violada y golpeada hasta la muerte mientras volvía a su casa de una reunión nocturna con sus amigos. Obviamente, el mismo día hablamos de la noticia. Así la comentó el señor X: «Esto les pasa a las chicas a las que sus padres dejan salir de noche».

Fue todo. Ni una palabra sobre el criminal violador. Ni una palabra sobre la falta de seguridad de nuestra sociedad. Para él estaba

y sus hijos nadaban en la piscina. Ya sabes, los «hombres virtuosos» no deben ser tentados por la vista de la carne femenina. Por esto sus esposas, hermanas, hijas, etcétera, deben empaparse en sudor, asfixiarse, asarse para proteger a los hombres de sus encantos. ¿Acaso esto no significa que los hombres son animales que no pueden controlar sus impulsos? Y si son animales que no pueden controlar sus impulsos, ¿no tendría más sentido ponerles una correa, en lugar de asfixiar a sus mujeres bajo las prendas?

Me quedé observando a mi amiga, echando humo por la rabia y pensando: ¿Cómo puede ser justo todo esto? ¿Cómo puede uno ver esto sin enojarse, sin hacer o decir algo? Y, sin embargo, al marido le parecía perfectamente justo (y a ella también, que es lo peor). Porque ¿qué representan las mujeres a los ojos de estos *gangsters* de Dios? Un pueblo de sirvientas y desheredadas; como mucho proyectos de viudedad; mujeres que deberían estar contentas de atender a sus maridos –proveyéndoles de comida, sexo y ropa limpia– para luego, cuando llegue el momento oportuno, dejarlos ir a la Shahada, porque esta es la verdadera dignidad de un hombre: combatir la yihad en nombre de la justicia y la verdad divinas, y prepararse para morir por el amor de Dios.

Y sin embargo el martirio no es un concepto o un invento exclusivamente árabe. Su origen se remonta al Génesis, cuando Dios pone a Abraham a prueba y le ordena el sacrificio de su hijo Isaac para asegurarse de su lealtad. Luego vino Jesús, y su Padre sacrificándolo en la cruz para absolver a la humanidad y salvar al mundo de la carga del pecado. La historia del monoteísmo está empapada de sangre, violencia y crueles, vanas inmolaciones. El señor Z es tan solo uno más timado por esa educación.

*

Podría seguir con una infinita lista de casos de machomanía: como ese intelectual «liberal» que me criticó por mi vestido demasiado recatado y luego montó una escena tremenda en el restaurante en el que comíamos al ver llegar a su hermana llevando una minifalda. O ese famoso novelista de izquierdas que afirma defender la liberación de la mujer, pero no pierde una oportunidad de acosar sexualmente a toda mujer con quien se cruza, como si la quisiera libre solo para que se pudiera acostar con él. El acoso sexual ha alcanzado en los países árabes un nivel tan epidémico que se podría clasificar como un deporte nacional, en ausencia de leyes que protejan a las mujeres. En Egipto el 98% de las turistas y el 83% de las mujeres locales experimentan alguna forma de acoso sexual. La mayoría de las mujeres no denuncia estos casos por miedo, vergüenza o porque se sienten culpables, puesto que siempre se les acusa de «gozar de las atenciones».

Luego está ese periodista militante que calificó de «burguesa» mi invectiva en contra de los delitos de honor y el matrimonio con niñas. La invectiva en cuestión era parte de una clase que yo había dado en la Universidad Americana de Beirut sobre la discriminación de género de las mujeres árabes, en el cuadro de una serie de conferencias sobre el tema de los jóvenes y la sexualidad en el mundo árabe. En mi plática, yo me había «atrevido» a presentar el tema de los delitos de honor, del matrimonio con niñas y de la celebración de la virginidad como tres de los innumerables ejemplos de la manera esquizofrénica de tratar el sexo y la libertad sexual en nuestros países. Pero ese caballero evidentemente pensaba que hablar de los derechos de las mujeres en el mundo árabe era un capricho burgués. Dijo en tono de protesta: «¿Cómo puede usted hablar de estas cosas, cuando nos estamos ahogando en la corrupción política y económica, y todos los días muere gente en Palestina?».

Tal vez el querido orador había olvidado que el tema de la conferencia no era ni la política del Estado ni la liberación de Palestina, sino «los jóvenes y la sexualidad» en el mundo árabe. Pero tenía razón. Yo hubiera tenido que llenar mi discurso de esos temas para poderme liberar de la culpa y hablar de los delitos sexuales con la conciencia limpia. Claro, la prioridad es poner fin a los crímenes de Israel en Palestina. También luchar contra la corrupción y la injusticia es una prioridad. Pero también lo es el respeto de los derechos de las mujeres y su plena legitimación. Y otra prioridad es acabar con los chovinistas masculinos que se disfrazan de luchadores proletarios y nos dicen que los derechos (sexuales, legales, sociales, políticos, etcétera) de las mujeres son un lujo exótico. El verdadero lujo –uno que ya no nos podemos dar– es este tipo de discurso y de gente. Este es el verdadero rostro de la «burguesía»: un rostro engañoso, hipócrita y manipulador.

«Es un mundo de hombres, y vosotros los hombres lo podéis tener», dijo una vez Katherine Ann Porter. Bien, pido (no, exijo) poder no estar de acuerdo: pueden tenerlo, pero «pasando sobre mi cadáver».

*

En el mismo contexto, dejad que os hable de una revista femenina concebida en 2010 por Al Qaeda. El nombre de la revista se puede traducir como *La Mujer Majestuosa* y la publica uno de los mayores medios de comunicación de esa organización terrorista. En el primer número podemos leer una entrevista con la esposa de un muyahidín en la cual la «heroína» habla con dicha y orgullo del martirio de su marido y reduce el papel de las mujeres al de alentar el sacrificio de sus esposos. Acumulando absurdidad sobre absurdidad, la cubierta muestra la imagen de una mujer (o de lo que debería ser una mujer, bajo el pesado atavío oscuro que la representa) sobre un subtítulo que anuncia «siete pasos para una piel perfecta» –la misma piel que, absurdamente, no debe ver el sol, ni respirar, ni tener un solo centímetro expuesto a la mirada predadora de los hombres–.

La revista se define como «islamista y feminista». No voy a adentrarme más en las evidentes contradicciones de esta visión, o en el directo y obvio papel que juega en lavar el cerebro de las mujeres con el fin de producir hembras ignorantes, suicidas y patriarcales. Al Qaeda sabe muy bien que no hay nada más peligroso que una mujer cubierta por el burka: se puede mover libremente sin tener que exhibir la credencial de identidad, y esto la transforma en una bomba humana que va por las calles sin ser notada (bastaría el motivo de la seguridad para impulsar a otros países a imitar a Francia, que prohíbe el burka). Una última cosa: la revista afirma ser un paso hacia la «modernidad» y el siglo XXI. No se necesitan más comentarios.

*

Hecho: Según las estadísticas de las Naciones Unidas sobre la violencia contra mujeres, en el mundo una mujer de cada tres ha sido golpeada, violada o agredida sexualmente: la mayor parte de esta violencia acontece en el contexto de relaciones cercanas, y los que la perpetran son maridos o compañeros.

Hecho: A nivel mundial, más del 50% de las agresiones sexuales se cometen en contra de chicas menores de dieciséis años.

Hecho: La primera experiencia sexual del 30% de las mujeres ha tenido lugar bajo coacción.

Hecho: En el mundo, 140 millones de mujeres han sido víctimas de mutilación genital femenina.

Hecho: En el mundo, más de 60 millones de esposas son niñas.

Hecho: Cada año 4 millones de mujeres son víctimas de tráfico de personas. El 60% de estas mujeres ha padecido violencia psicológica o sexual antes de ser víctimas de trata.

Hecho: En Líbano muchas trabajadoras domésticas son víctimas de abusos emocionales, físicos o sexuales, y carecen de protección legal –una forma moderna de esclavitud–. Un informe de Human Rights Watch del 2008 ha revelado que, entre enero de 2007 y agosto de 2008, en Líbano han muerto no menos de noventa y cinco trabajadoras domésticas foráneas. De estas muertes, cuarenta han sido clasificadas como suicidios y veinticuatro como muertes accidentales de trabajadoras caídas de edificios altos en el intento de huir de sus empleadores.

Hecho: Cada año 3 millones de mujeres son víctimas de tráfico y explotación sexual.

Hecho: Se calcula que cada año 1 millón de mujeres entra en el negocio del sexo.

Hecho: En todo el mundo, una mujer de cada dos experimenta propuestas sexuales no deseadas, manoseos u otras formas de acoso sexual en el lugar de trabajo.

Hecho: El 90% de los casos de acoso sexual involucra a hombres que acosan a mujeres.

Hecho: Los asesinatos de honor acaban con la vida a 20 000 mujeres cada año. Los motivos incluyen actividad sexual extraconyugal (incluyendo los casos de violación), el deseo de romper o evitar matrimonios arreglados, el deseo de casarse con quienes quieren y vestirse de manera inaceptable para la familia o la comunidad.

Hecho: El culto del machismo (hipermasculinidad) lleva a la violencia –sexual o de otro tipo–. Las mujeres son especialmente vulnerables a abusos por parte de sus compañeros, en sociedades en las cuales hay marcadas desigualdades entre hombres y mujeres, rígidos papeles de género, reglas culturales que apoyan el derecho masculino a tener relaciones sexuales independientemente de los sentimientos de las mujeres y sanciones leves contra tales comportamientos. Entre los desencadenantes de la violencia en relaciones abusivas se encuentran desobedecer al marido o discutir con él, cuestionarlo sobre el dinero o sus amistades femeninas, no preparar a tiempo la comida, rehusar tener sexo y tener sospechas sobre la fidelidad de la mujer. Las mujeres que se casan a temprana edad están más expuestas a ser golpeadas o amenazadas y más predispuestas a justificar al marido por hacerlo.

¿Cuántas veces hemos escuchado, o hasta dicho, que «los chicos son así»? Desde la infancia a los chicos se les alienta para participar en juegos rudos y se les desalienta respecto a ser amables y atentos, y si lo son, se convierten en objeto de burlas y acoso escolar por parte de otros chicos y, a veces, hasta de sus padres. Todo esto promueve el crecimiento de varones agresivos que, al hacerse adultos y sexualmente activos, intentan oprimir a las mujeres y desestimar sus razones.

Desgraciadamente, muchas mujeres apoyan estas versiones negativas de la masculinidad, sobre todo celebrando la existencia de los chicos rudos y de los machos alfa que las rodean. No solo eso: muchos hombres critican a las mujeres por «provocar» (abusos sexuales, violencia, etcétera). ¿Y cómo los provocan? Sobre todo perteneciendo al género femenino. ¿Lo ves? todas somos «culpables» de tener tetas y vagina: es un defecto de fabricación.

Acosadores, delincuentes, mafiosos, maltratadores de mujeres y abusadores sexuales: hombres prisioneros de un círculo vicioso de violencia que proviene de una errónea visión de la masculinidad, una parodia del real significado de la masculinidad. Una visión que interpreta la masculinidad como algo intrínsecamente brutal; que la despoja de sus muchos aspectos positivos, que relaciona la testosterona con la rabia y la agresividad y refuerza un sistema patriarcal basado en la dicotomía dominio/sumisión. Añadid a esta educación torcida la castración impuesta por la dictadura y la pobreza y veréis que los varones árabes necesitan de chivos expiatorios para vengar el hurto de sus pelotas: las mujeres. La violencia genera violencia.

¿Estos tristes hechos solo acontecen en el mundo árabe? Según el Consejo Europeo, una de cada cinco europeas es víctima de violencia sexual en algún momento de su vida y el 98% de sus agresores son varones. En Oriente, generaciones enteras de mujeres son amordazadas y borradas, eliminadas por fuerzas tenebrosas, por la opresión y la absoluta ignorancia. Y en Occidente hay generaciones enteras de mujeres que son tratadas como objetos y prostituidas, transformadas en cuerpos que son simple mercancía. Aquí tenemos el burka, allí vemos carne subastada. Francamente, no entiendo cómo una mujer puede ser hoy mujer sin estar constantemente enojada por los insultos y los abusos que la golpean con la intención de eliminarla o explotarla.

*

El machismo es una plaga fatal. Los hechos que lo comprueban están a la vista y son duros y deprimentes. Pero ¿dónde está la cura? ¿Dónde están las soluciones a este problema global?

Una manera consistente de deshacernos este sistema canceroso y de luchar contra sus complicidades y contra la indiferencia hacia los asuntos que afectan a los derechos de las mujeres es tener más participación femenina en la vida política de los países. Mientras las estructuras políticas estén bajo el control de los hombres, no tengo muchas esperanzas en un cambio de las actitudes básicas que tantos hombres tienen hacia las mujeres. Hay infinidad de machistas en la escena política, tanto árabe como occidental. Tomemos Líbano como ejemplo. Tiene uno de los promedios más bajos de participación política femenina y uno de los más altos de degradación de las mujeres. Recientemente, el Ministerio libanés de Turismo ha tenido el descaro de producir un corto promocional del turismo en el país donde se apela al deseo de los turistas por los cuerpos medio desnudos de chicas libanesas. En un país en el cual las mujeres a duras penas gozan de derechos y donde reinan el patriarcado y el sectarismo, el Gobierno no duda en tratar cuerpos femeninos como si fueran objetos, con el fin de atraer a turistas varones. ¿Qué se puede decir de este nivel de espíritu patriarcal, de esta discriminación, superficialidad, inoportunidad, de este comportamiento inmoral?

*

Una segunda y eficaz manera de superar y hasta de neutralizar el dominio del machismo y sus efectos violentos es, para las mujeres, alcanzar la independencia económica. Yo hasta les imploro que se vuelvan obsesivas con la independencia financiera. Ya ves, al principio el machismo fue el producto del ideal de «macho cazador» –yo te alimento, yo te poseo–. Luego el machismo fue reforzado por la teoría de la costilla promovida por el monoteísmo (la mujer solo es una pequeña parte del todo masculino). Así que es absolutamente necesario que las mujeres reviertan esto haciéndose masivamente presentes en el mercado laboral para ser proveedoras de ellas mismas. Aunque algunas ya lo estén haciendo, el porcentaje de mujeres autosuficientes es aún muy bajo en el mundo árabe. A pocas mujeres árabes se les enseña la importancia de la independencia financiera. Hasta las que aspiran a la emancipación y/o a un título universitario, después se apoyan en hombres para la satisfacción de sus necesidades económicas, tanto si se trata de un vestido nuevo, una joya, un coche o una casa. Obviamente, la causa principal de esto es la actual discrepancia entre los salarios de los hombres y de las mujeres. Pero no es la única causa. El problema no se limita a las oportunidades disponibles. Es mucho peor: es el resultado de la mentalidad dominante. Por ejemplo, muchas de las mujeres que conozco ven en la educación tan solo un camino hacia un marido «mejor», lo que (para ellas) significa más rico. Y esta manera de pensar no se da tan solo en las generaciones anteriores. Cuando hace poco acompañé a mi hijo de doce años a una fiesta de cumpleaños, escuché a una de sus compañeras decirle a una amiga: «Cuando sea grande y me case, pediré a mi marido que me compre un Porsche». Me acerqué a la niña y le dije: «¿Y no sería mucho mejor si, cuando crecieras, trabajaras y te comprases tú misma ese Porsche?» Obviamente, esa adolescente era prisionera de un modelo construido por su madre. El conformismo es una de las principales enfermedades hereditarias del mundo.

Las mujeres árabes necesitan aprender a ser responsables de la satisfacción de sus deseos.

La independencia tiene un precio: el trabajo duro. Y el día en que dejes de pedir dinero a tu padre, a tu hermano o a tu marido para comprar algo que quieras o necesites, ese día podrás empezar a decir que eres libre.

Piensa que para un macho no hay nada más castrador o intimidante que una mujer que no lo necesita para satisfacer sus necesidades. Esto podría asestar un golpe en la raíz del machismo y derribar la institución patriarcal. Es más, los hombres de verdad deberían sentirse más seguros que espantados por ese cambio: ¿hay algo más gratificante que saber que una mujer los necesita por lo que son, y no por la seguridad económica que le proporcionan?

*

Otra gran solución a esta fatal confusión podría venir del rechazo a las clasificaciones del tipo blanco/negro, reconociendo nuestra naturaleza dual, aceptando que tanto los hombres como las mujeres muestran e incluyen comportamientos y rasgos «masculinos» y «femeninos». Yo sin duda tengo cualidades masculinas, pero esto no me hace menos femenina. Gloria Steinem afirma que «la mujer a la que más teme el hombre es a la que lleva dentro». Quisiera añadir que el hombre que la mujer más desconoce es el hombre que lleva dentro. Si pudiéramos aceptar al «otro» que tenemos dentro, ese otro dejaría de ser un enemigo. Y en mi modesta opinión, a pesar de las claras diferencias entre hombres y mujeres, sus afinidades superan ampliamente sus divergencias.

Claramente, esto no significa borrar las diferencias entre hombres y mujeres. Hace poco leí algo sobre un instituto experimental preescolar sueco llamado Egalia, donde se practica la educación «de género neutral». Su personal, por ejemplo, evita usar palabras como él o ella y se dirige a los niños con el término «amigos» en lugar de con chicas y chicos. Ahora, por más que yo esté en contra de los estereotipos de género y los modelos sociales que suponen que las chicas sean femeninas y amables y los chicos varoniles y rudos, soy escéptica sobre la capacidad de esta educación de construir una verdadera igualdad entre los sexos. La finalidad de la escuela es noble, pero los medios no convencen. Nuestro género es una parte intrínseca de nuestra identidad: ¿no confundirá a un niño borrar los límites de género? La igualdad debería consistir en dar a todos un trato equitativo, no en obligar a todos a ser iguales. La igualdad debería consistir en aceptar la diversidad y en respetar las diferencias personales, no en ignorarlas. Me ofende que se me diga que la única manera por la que yo puedo ser «igual» pasa por la negación de mi género. Negar el género de uno es fundamentalmente sexista, y las palabras varón y hembra implican una diferencia, y no una relación de superioridad o inferioridad.

*

Otro punto que merece ser planteado es el hecho de que la defensa de las mujeres no debería ser una consigna exclusivamente femenina. Lo mismo digo de la lucha contra el patriarcado. Por esta razón siempre me ha inquietado la falta de participación masculina en las iniciativas que apuntan a lograr la igualdad y la justicia de género; y es por eso que siempre me ha molestado la distinción entre necesidades femeninas y masculinas, junto con otras prácticas discriminatorias que crean individuos moldeados por el miedo, el odio y el resentimiento hacia el otro sexo. Los hombres son necesarios y compañeros fundamentales en la lucha contra las injusticias que las mujeres sufren por lo que surge de sistemas políticos, religiosos y militares reaccionarios –sistemas de los que, como a la mítica hidra, surge una nueva cabeza cuando otra es cortada–.

Hay un abismo entre las visiones superficiales de la feminidad y la masculinidad, y es difícil llenar el hueco si no se lucha contra la exclusión del otro. Una lucha así requiere que se desbarate la distinción entre hombres y mujeres para promover en su lugar la lógica universal y tolerante del «ser humano».

Por eso necesitamos otro tipo de mujeres: las que luchan por sus derechos con uñas y dientes, sin necesidad de chantajear o ningunear a los hombres; mujeres que no quieren reemplazar el patriarcado por el matriarcado, sino combatir por una camaradería real con el género masculino. También necesitamos otro tipo de hombres: los que no necesitan de la sumisión de las mujeres, el secuestro de sus derechos y el desprecio de sus sentimientos para sentirse «varoniles».

*

Claro, las pelotas tienen precio. Y sin embargo muchos hombres no conocen ese precio. No saben que consiste en resistir a la fácil tentación de ser machistas y en promover, en cambio, una moral, noble y justa comprensión de sus fuerzas, que es también un reconocimiento liberador y catártico de sus debilidades. Muchos tampoco saben qué es lo que hace hombre al hombre. A causa de todas las injustas asociaciones entre masculinidad y negatividad, muchos hasta han llegado a sentirse culpables por ser hombres. Por esto ha llegado a ser necesario, hasta vital, que los hombres reconsideren su identidad masculina y entiendan que esa identidad no depende del machismo, de la tiranía, de la violencia ni de la apropiación en la relación con «la otra mitad del cielo», como Mao Tse-tung nos ha descrito a las mujeres.

Lo que ahora se necesita, al lado de la revolución femenina, es una revolución masculina: una revolución radical, estructural, no violenta y sin consignas, capaz de difundir nuevas formas de relación, más maduras y satisfactorias, entre los dos sexos.

Y mientras la hagáis, recordad, caballeros, recordad tan solo esto: en el machismo no se trata de hombres contra mujeres. Se trata de chicos contra hombres.

7. El desastroso invento de la guerra de los sexos

> Nunca he sido capaz de entender
> precisamente qué es el feminismo: solo sé que
> la gente me define como feminista cuando expreso
> opiniones que me distinguen de una esclava
> o de una prostituta.
>
> Rebecca West

El poema

Soy una mujer

Nadie puede adivinar
lo que digo cuando callo,
lo que veo cuando cierro los ojos,
cómo soy arrastrada cuando soy arrastrada,
qué es lo que busco cuando abro mis manos.

Nadie, nadie sabe
cuándo tengo hambre, cuándo me voy de viaje,
cuándo camino y cuándo me pierdo.
Y nadie sabe
que mi viaje es un retorno
y mi retorno es renuncia;
que mi debilidad es máscara
y mi fuerza es máscara,
y lo que viene es una tempestad.

Creen que lo saben,
yo dejo que lo crean,
y acontezco.

Me meten en una jaula
para que mi libertad sea un regalo de ellos,

para que yo lo agradezca y obedezca.
Pero soy libre antes que ellos, después que ellos,
con ellos, sin ellos.
Soy libre en mi opresión, en mi derrota.
Lo que quiero es mi celda
cuya llave podría ser su lengua,
pero su lengua se enreda en los dedos de mi deseo,
y en mi deseo ellos no pueden mandar.

Soy una mujer.
Ellos creen que poseen mi libertad.
Yo dejo que lo crean,
y acontezco.

La diatriba

Él dice que ella dice

> ¿Te imaginas un mundo sin hombres? Nada de
> delitos y un montón de gordas felices.
>
> NICOLE HOLLANDER

Las mujeres deben cocinar, dice él.
Lo que cocinaré es tu carne, dice ella.

Las mujeres son engendros del infierno, dice él.
Bien, así estás advertido, dice ella.

En las mujeres no se puede confiar, dice él.
Luego me lo agradecerás, dice ella.

Las mujeres deben obedecer a los hombres, dice él.
Entonces ponte de rodillas y ruega que me quite la ropa, dice ella.

Las mujeres hablan demasiado, dice él.
Cállate y hazme el amor, dice ella.

Las mujeres existen para complacer a sus amantes, dice él.
Pídelo por favor y lo pensaré, dice ella.

Las mujeres se enamoran fácilmente, dice él.
¿Cómo dijiste que te llamas?, dice ella.

Las mujeres solo piensan en casarse, dice él.
No te pongas tenso, dice ella.

Las mujeres no saben conducir, dice él.
Recuérdalo cuando te atropelle, dice ella.

A las mujeres no les importa el tamaño, dice él.
Espero que no te lo creas, dice ella.

Las mujeres deben ser azotadas cuando se portan mal, dice él.
¿A qué esperas?, dice ella.

Las mujeres deben ser atadas, dice él.
¿Dónde está la cuerda?, dice ella.

Las mujeres no soportan los rollos de una noche, dice él.
Repítelo mañana cuando me haya ido, dice ella.

No esperes que me quede, dice él.
¿Me lo prometes?, dice ella.

La narración

Primavera Árabe, la llaman

Las mujeres que pagan su renta no necesitan ser amables.

KATHERINE DUNN

La primera vez que me topé con la expresión «guerra de los sexos» fue al inicio de los años ochenta. Acababa de ver la película *Star Wars*, con Harrison Ford y Carrie Fisher, y pensé que el término podía referirse a otro argumento de ciencia ficción, con órganos sexuales en los papeles de Luke Skywalker y de la Princesa Leia. En realidad se trataba del título de un libro en francés (*La Guerre des Sexes*), escrito por Maryse Choisy y publicado en 1970, el mismo que había encontrado en una librería de Beirut.

Obviamente me llamó la atención, así que abrí el volumen y lo hojeé, dándome cuenta de que se parecía más a Simone de Beauvoir que a George Lucas. Pero las escritoras feministas eran una lectura densa para una chica de doce años interesada más en lo sórdido que en la ideología.

Luego llegó la película *Grease*, con John Travolta y Olivia Newton John. Cuando la vi tenía quince años, y los únicos mensajes que me entraron en la mente fueron: «lo bueno es aburrido», «lo malo es bueno», «lo malo es sexy» y «lo malo es deseable». Así que quise ser mala, muy mala. Pedí repetidas veces a mi madre que me comprara una cazadora de cuero, pero el plan falló miserablemente:

una chica con la nariz sepultada en los libros y con propensión al debate intelectual está abocada a alejar a los chicos, aun cuando lleve puesta una cazadora de cuero. Así que la cosa me dejó aún más confundida sobre el tema de la hipotética guerra entre varones y hembras. Y fue así como, afortunadamente, volví a las clarificadoras obras de Beauvoir y las demás.

Sin embargo, cuanto más leía sobre el tema, más se me presentaba la teoría de la guerra entre los sexos de esta manera: *él* la arrastra fuera de la cueva agarrándola por la cabellera; *ella* lo mete en la cueva arrastrándolo por la polla; es decir, el hombre inseguro (Superman) siente que necesita usar la autoridad (física, económica, política, religiosa, llamadla como queráis) para controlar a la mujer. Y la mujer insegura (Sherezade) siente que necesita usar la seducción (transigiendo con «cuentos», con mamadas, con docilidad social, llamadlo como queráis) para sobornar al hombre con el fin de obtener lo que cree merecer.

Cuanto más analizaba todo esto, más me daba por pensar: «¡Qué aburrido!». El hombre no necesita controlar a la mujer. De ninguna manera. La mujer no necesita sobornar al hombre. En absoluto. Este juego infinito del poder masculino (Ken el Macho) contra el poder femenino (Barbie la *Femme Fatale*) se ha convertido en un juego infantil obsoleto. Tenemos que transformar el simple poder mental en un poder mental sin género. Y pronto.

Fue en este punto cuando entró en mi vida el feminismo de tercera generación, enderezando las cosas.

*

A menudo me han preguntado sobre el feminismo de tercera generación, con el cual me identifico. Por lo general lo sintetizo así: algunas mujeres no cruzan las piernas para complacer a los hombres (son las mujeres-objeto). Algunas mujeres no se cruzan con hombres en sus vidas (son la feministas de la vieja guardia). ¿Y las feministas de tercera generación? Bueno, ellas cruzan abismos *junto con* los hombres.

El feminismo de tercera generación, que empezó al principio de los años noventa y sigue activo hasta el día de hoy (algunas de sus voces más significativas son las de Elle Green, Naomi Wolf y Elisabeth Badinter), me convenció porque resaltaba toda la variedad de mujeres que hay en el mundo y su singularidad (más allá de las estereotípicas definiciones binarias). Incluía la diversidad y el cambio. Redefinía a las mujeres como personas asertivas, capaces y en pleno control de su sexualidad. Se oponía tanto a sus encasilladas representaciones en los medios de comunicación como al lenguaje con el cual se las etiquetaba. Y, sobre todo, reconocía el derecho –y la necesidad– que el feminismo tenía a cambiar, a ser diferente en cada generación y en cada individuo. De hecho, en la introducción de su libro *Manifiesta*, Jennifer Baumgardner y Amy Richards presentaron así la idea del feminismo de tercera generación: «Ser libres no quiere decir copiar lo pretérito, sino encontrar el camino propio –un auténtico camino hacia la autocreación–».

El feminismo de tercera generación también daba reconocimiento a ideas importantes en las cuales yo creía, como las políticas transgénero y el positivismo sexual, y evitaba caer en las trampas en las cuales había caído el feminismo de segunda generación, que se oponía a las nuevas manifestaciones de la sexualidad e intentaba domeñarlas y amansarlas. Conocido también como Movimiento para la Liberación Femenina, el feminismo de segunda generación (en auge en los años sesenta y setenta, mientras que el de primera generación se refiere a las actividades feministas del siglo xix y del inicio del siglo xx) promovía la eterna lucha dialéctica entre los sexos, pintando a las mujeres como una masa informe de víctimas impotentes y a los hombres como tiranos despiadados. Pero victimizar a las mujeres y satanizar a los hombres (por frustración, paranoia o, simplemente, por odio) es un círculo vicioso, y el dominio masculino no es el único culpable de la penosa situación:

también juega su papel la falta de voluntad, por parte de algunas mujeres, para afirmar su autonomía y dejar a sus «torturadores» antes de que estos destruyan por completo su autoestima. Y en muchas ocasiones las mujeres han dado prueba de ser las peores enemigas de ellas mismas. Si no fuera así, ¿cómo podríamos explicar el hecho de que muchas feministas occidentales de la vieja guardia defienden hoy los diferentes tipos de velos islámicos, incluyendo los burkas y otras prácticas represivas islámicas? Dicen que lo hacen en nombre del relativismo cultural, pero deberían más bien fijarse en la más amplia visión del universalismo de los derechos humanos. Defienden la discriminación, la poligamia y la mutilación genital femenina. Este endeble pretexto es también la razón por la cual muchas feministas libanesas y árabes atacan constantemente mi persona y mis puntos de vista. Me consideran una «adversaria» porque, entre otras diferencias que tenemos, denuncio el velo como una imposición opresiva y discriminante: según ellas, lo que hago es una defensa de la versión occidentalizada del feminismo. Como si existiera oposición entre libertad árabe y libertad occidental, dignidad árabe y dignidad occidental, etcétera. No importa que yo luche para que las mujeres sean libres para desear y escoger, y que me ponga en riesgo mostrando lo que muchas tienen miedo de decir en voz alta; no importa que yo haya pagado, y siga pagando, un alto precio por mis convicciones y posturas públicas. Para esas feministas la lucha tiene que hacerse a su manera, y ya. Y su manera consiste, esto es lo peor, en enseñar que las mujeres tienen el *derecho* a ser perseguidas y discriminadas.

Ser verdaderas feministas consiste en aspirar a la igualdad con los hombres (repito: no a ser como ellos). Y las dos cosas que no puedo ni soportar ni aceptar del feminismo de la vieja guardia son el transformar a los hombres en enemigos (insisto: el cambio en el modelo patriarcal es imposible sin la colaboración y la participación de los hombres) y el rechazo de la feminidad, considerada como una debilidad; yo, en cambio, me siento fuerte en mi especial identidad y en sus características y no tengo la necesidad de adoptar valores y comportamientos masculinos para demostrar mi fuerza (se trataría de otra trampa patriarcal y de una rendición a una superficial visión dual). Los hombres necesitan ser salvados de esas trampas tanto como lo necesitan las mujeres. Y, como expliqué en el capítulo anterior, hombres y mujeres tienen que hacer un esfuerzo en conjunto para evitar el punto muerto y el total alejamiento del otro sexo. Hay que admitirlo. La rama dura del machismo se ha topado con un muro. La rama dura del feminismo se ha topado con un muro. Existen dos verdades básicas que no podemos seguir ignorando y que deben ser comprendidas, si queremos construir algo racional y positivo en las sociedades modernas. La tensión entre hombres y mujeres –y en la misma medida entre hombres enfrentados a ellos mismos y mujeres enfrentadas a ellas mismas– ha llegado al punto del encierro en fortalezas de imágenes preconstituidas, de la provocación de separaciones, de la agresión pasiva inconsciente y de una recíproca actitud de hostilidad y arrogancia.

Pero ya es inaceptable permitir actitudes y prácticas extremistas que tienen el fin de dominar nuestras vidas: parecidas ideologías implican una agresión al fundamento de la diversidad humana, una agresión que da un golpe trágico a las relaciones humanas. Cuando un hombre se oculta tras pensamientos y actitudes de macho, no solo es enemigo de las mujeres, es enemigo sobre todo de sí mismo. Lo mismo se puede decir de las feministas «radicales». Son posturas que corren en paralelo y que no pueden coincidir en ningún lugar. Siguiendo sus trayectorias paralelas, consumen toda la energía y el dinamismo que podrían producirse gracias a un encuentro creativo y sin prejuicios entre hombres y mujeres. Son posturas condenadas a la amargura, a la desilusión y a llegar a un punto muerto.

Naturalmente no niego los grandes e importantes logros del feminismo de los años sesenta. Soy una mujer que le debe mucho al feminismo. Sin esas valientes guerreras, sin sus luchas, ideas y escritos yo no sería la persona que ahora soy. Sin ellas el mundo sería un lugar aún más asqueroso y miserable. Tampoco generalizo al hablar de ellas porque sé muy bien que no todas las feministas de segunda generación «odian» a los hombres. Lo que digo es: «Gracias, pero tenemos el derecho a hacer las cosas de otra manera, ahora que el camino ya está allanado por vosotras». Sobre todo aquí, en territorio árabe, donde el feminismo todavía está en fase fetal en muchos países.

¿Es entonces posible, en el mundo árabe, superar la maldición de la clásica hostilidad feminista y saltar hasta el feminismo de tercera generación sin quemarse en el proceso? Creo que sí. Es suficiente no repetir los errores en los cuales otras han incurrido, errores que podemos evitar. Empecemos desde el principio a luchar en contra de todos los fanatismos, sobre todo en contra de las defensas de género, que hacen que mujeres y hombres se rechacen mutuamente y se encierren en ellos mismos y en sus limitadas definiciones de género. Hay que unirse bajo el techo de este rechazo, hombres y mujeres, todos juntos y al mismo tiempo.

Siento que la «guerra» entre hombres y mujeres, con todas sus manifestaciones, se resume en una sola palabra: control. Los hombres ejercen el control con sus músculos y su capacidad de aportar alimento y bienes materiales a la relación; las mujeres con el anzuelo del sexo y la capacidad de decir que no y negar el consuelo sexual y emocional al niño que vive en cada hombre. Cuando esta danza de lucha-control toma la forma de un gran tango-coito, es bella y divertida. Pero cuando toma la forma de un hombre que golpea a una mujer, o de una mujer que abusa verbal y emocionalmente de un hombre (es decir: le corta las pelotas), es una danza asesina, tanto para el espíritu como para el cuerpo. Y el círculo permanece cerrado.

¿Guerra de los sexos? Decid, ¿no será el momento de pactar una tregua y empezar a desafiarnos a nosotros mismos?

*

Hay que admitir que la guerra de los sexos es también el resultado de diferentes prácticas que nos condicionan y se nos imponen, a hombres y mujeres, desde la infancia, y que siguen imponiéndose sobre nosotros en la edad adulta a través de mensajes subliminales. Si solo fuese que las niñas tienen que vestirse de rosa y jugar con muñecas y los niños tienen que vestirse de azul y jugar con fusiles estaríamos de suerte. Las fórmulas binarias, que excluyen importantes matices sexuales y ambigüedades de género (como las identidades *queer* y las orientaciones sexuales atípicas), tristemente nunca se acaban.

Más allá de la catastrófica categorización de los individuos como heterosexuales u homosexuales (con los heterosexuales vistos como legítimos y normales y los homosexuales vistos como «desviados») y de todas las insensatas etiquetas que acompañan dicha categorización, un buen ejemplo de la peligrosa diferenciación que nos lava el cerebro es la de varón proveedor/hembra receptora. Claro, desde el día en que el hombre prendió el fuego y mató al ciervo y la mujer lo aceptó y empezó a cocinar la carne, hemos caído en la trampa de «él provee, ella consume».

Otro ejemplo de esta obligada visión de la feminidad y la masculinidad es la fórmula hombre cazador/mujer presa: quiero decir que muchas mujeres aún se ven a ellas mismas como dadoras sexuales y a los hombres como tomadores sexuales. En el sexo no hay dadoras y tomadores: ambos lo son al mismo tiempo. Una común expresión árabe sobre una mujer que practica sexo con un hombre afirma que «ella se rinde a él». Pero ¿acaso no se rinde él a ella también? ¿No gana ella en el acto lo mismo que gana él?

Esto nos lleva de vuelta al tema de las mujeres que no son (y piensan que no son) dueñas de sus propios cuerpos. Deberíamos sentirnos ofendidas por este esquema de «mujer difícil de conseguir» y dejar de considerar nuestros cuerpos como premios. Deberíamos dejar de actuar para atraer la atención sobre nosotras. Si no atraemos la atención de él o de ella solo siendo lo que verdaderamente somos, ¿qué sentido tiene? Si un hombre necesita que una mujer lo «enrede» para seducirlo, entonces es débil, superficial y patético, y no merece que ella le dedique su tiempo. Y viceversa. Basta de esos sinsentidos. Basta de planear y negociar apareamientos, basta de trampas para acoplarse con otros. No deberíamos conformarnos con ser llevados por la corriente. Tenemos que nadar en ella. Además, yo soy un reto por ser lo que soy, y no por necesitar convencer o ser convencida en un juego estúpido. Yo soy un reto porque tengo que ser conquistada día tras día, y no tan solo el primer día. Soy un reto porque, si es difícil conquistarme, es aún más difícil conservarme.

Todo el asunto, repito, es un complot patriarcal: la mujer tiene que ser el objeto del deseo, y el hombre tiene que ser el evaluador, el cliente, el comprador. Así que ella debería ser hábil al venderse o hasta al sobrevenderse (el síndrome de Sherezade, otra vez…) para apaciguar así los trastornos de su conquistador y obtener lo que quiere. Dos pájaros de un tiro.

Pero desear sin cazar es otra manera de rendirse. Y los verdaderos cazadores no necesitan lanzas (fuerza física). Lo único que tienes que hacer es estar de pie y mirar al toro a los ojos. Porque cazar es enfrentar el miedo de conseguir lo que quieres. Hasta que sea tu miedo quien baje los ojos primero.

En suma, hombres y mujeres, ambos, somos los cazadores; y también somos los cazados. Y si verdaderamente alguien nos gusta, deberíamos tener la autoestima suficiente para mostrárselo. Y si ese alguien no nos lo agradece, podemos estar seguros de que es tan solo otra persona superficial que necesita la ilusión del «no que significa sí» para atraer la atención de él o ella. Entonces al diablo él o ella.

Desgraciadamente, en la mayoría de los casos, cuando tú lo o la mandas al diablo, él o ella se da cuenta de que te desea de verdad y empieza a perseguirte. Pero ahora tal vez sea demasiado tarde.

*

Un tercer y significativo ejemplo de esta manera forzada que hombres y mujeres tienen de verse a ellos mismos es la fórmula hombre sujeto/mujer objeto, concretada, entre otras fórmulas de comportamiento y autoreferencia, por la histórica fascinación que muchas mujeres sienten por la idea de convertirse en «musas» de algún creador. La veo como otra manera de concebir a la mujer como materia en lugar de como actor. Como si existiera tan solo para inspirar y ser contada. No para expresarse y verbalizar. Es un secuestro de su voz creativa: un delito gravísimo (en ciertos casos un verdadero suicidio por parte de la mujer) escondido tras la glorificación de su papel de «viento debajo de las alas». Pero basta de viento. Es tiempo de ser alas.

No me molesta estimular a otros. Al contrario. Me gusta encontrarme en un poema, o en un cuadro o en una pieza musical. Pero no es esto lo que me define. Yo soy en primer lugar y sobre todo alguien que crea.

¿Mis musas? Muchas tienen pelos y pene. Por tanto, ¿qué se siente al estar en la esfera de cristal, caballeros? Es vuestro turno: venid, venid, levantaos e inspiradnos a *nosotras*.

*

Ahora es tiempo de hablar de la Primavera Árabe y de preguntarnos si de veras es una primavera para las mujeres árabes.

Recuerdo que al principio de las revoluciones que tuvieron lugar en el mundo árabe al inicio del 2011, el secretario general de las Naciones Unidas, Ban Ki Moon, exhortó a las mujeres árabes a aprovechar los vientos de cambio que soplaban en Oriente Medio y en el norte de África para sostener sus derechos: en una declaración publicada por el centro de comunicaciones de las Naciones Unidas declaró que las revoluciones en Túnez y Egipto constituían una gran oportunidad de promover la democracia y los derechos humanos y que si se encontraba una solución justa, podrían ser un ejemplo y un modelo de cambio no solo para los países árabes, sino para todo el mundo. Ban Ki Moon también exhortó a los poderes internacionales a ofrecer un consistente apoyo a las mujeres de esos dos países.

Tal vez el secretario general no examinó atentamente la realidad antes de expresar su optimismo sobre los vientos de cambio que soplaban sobre el mundo árabe, un cambio que desde hace mucho se les debe a las vidas secuestradas de las mujeres árabes. Así que conviene fijarse en algunas cifras: En Túnez la Ennahda islamista obtuvo una victoria aplastante, logrando 89 escaños sobre 217 en el Parlamento, en las primeras elecciones democráticas después del alzamiento popular que derrocó al dictador Zine El Abidine Ben Alí. Lo mismo pasó en Egipto, donde el resultado final de las primeras elecciones parlamentarias de la era pos-Mubarak confirmó una extraordinaria victoria de los partidos islamistas. En efecto, el partido Hermandad Islamista por la Libertad y la Justicia ganó la mayoría de los escaños, mientras que el partido salafista Nour, extremista, quedó segundo. ¿Se limita este fenómeno a los países afectados por las revoluciones? Para nada. Los islamistas han ganado también las elecciones que hace poco tuvieron lugar en países como Marruecos y Kuwait, y otros países los seguirán, como Libia o Yemen.

¿Por qué los árabes votan ahora por los islamistas? Sobre todo porque estos han logrado convencer a las masas oprimidas y necesitadas de que son el sector peor tratado de la sociedad. Esta desmerecida confianza se basa en la común convicción de que los islamistas son honestos, justos, dignos de confianza, incorruptibles conciudadanos capaces de dirigir la vida pública según los valores islámicos fundamentales. Pero ¿de qué clase de revolución estamos hablando, si esos países van a ser gobernados con valores religiosos? No me entendáis mal: mis palabras no pretenden en absoluto alabar a dictadores y dictaduras. Sin embargo, no puede no preocuparme la creciente influencia del extremismo islámico (tanto de la rama sunita como de la chiita) en Oriente Medio durante estos últimos años. No puede no preocuparme el hecho de que esta tendencia islámica radical puede ser útil a la extrema derecha en Occidente, que a menudo promueve leyes en contra de los islámicos sin integrarlas con medidas a favor de la ilustración o de la modernización –una deficiencia, esta, que solo puede causar el aumento de los extremistas de ambos lados y reforzar el círculo vicioso–. No puede no hacerme sentir mal el hecho de que en Occidente se da publicidad a las opiniones del tibio progresista Tariq Ramadan a expensas de las obras de estudiosos verdaderamente liberales como Mohammed Arkoun y el último Nasr Hamid Abu Zayd, que defienden los fundamentos de las modernas democracias seculares y la separación entre Iglesia y Estado. No puede no preocuparme el destino de la región, y sobre todo el de las mujeres de la región, si lo que viene después de un dictador es tan malo como un dictador: la vuelta a un régimen fundamentalista basado, entre otras cosas atroces, en un aumento de la misoginia, la violencia, el patriarcado, la segregación y la intolerancia hacia las mujeres.

Ya veis, demasiado frecuentemente nosotros, los árabes, tenemos que escoger entre dos monstruos. Y tanto como me emociona que el monstruo de la dictadura esté por fin cayendo, otro tanto me preocupa el nuevo monstruo que está creciendo y haciéndose con el poder. Naturalmente, deshacerse de los dictadores es crucial. Combatir el hambre y la injusticia es crucial, no cabe duda. Acabar con la corrupción y las clases es también crucial. Pero también lo es oponerse al extremismo religioso. Y respetar los derechos y la dignidad de las mujeres y darles fuerza de ley es también crucial: en suma, acabar con los instrumentos y los sistemas patriarcales que afirman proteger a las mujeres y que usan esta supuesta protección como justificación de su opresión.

*

Justo en marzo de 2011, cuando todo el mundo –sobre todo en Occidente– estaba sumergido en la euforia de los «vientos de cambio», publiqué unos artículos en *Il Corriere della Sera* (Italia) y en *Die Welt* (Alemania), en los cuales expresaba mi escepticismo, debido al gran riesgo que se ocultaba, para las mujeres, bajo la apariencia de los acontecimientos. Muchos me criticaron, llamándome «búho pesimista». Pero desgraciadamente el tiempo me ha dado la razón. Sin embargo, no escucharán de mí la canción de «te lo dije». Me hubiera gustado que mis opiniones estuvieran equivocadas.

Todos vimos a las nobles mujeres de Túnez y Egipto participando en las manifestaciones, pidiendo la caída de los dictadores y contribuyendo a las protestas. «Las vimos», digo, porque el verbo tiene que ser usado en pretérito. Porque ¿dónde están esas mujeres, ahora que los nuevos sistemas han sido construidos, y dónde está la real necesidad de sus voces y de su directo compromiso en el tejido del futuro y de sus leyes y valores? ¿Qué clase de revoluciones son estas, donde las mujeres se conforman con ser peones que se mueven cuando es necesario y se olvidan al momento de tomar las decisiones que realmente cambian la vida? ¿Qué clase de revoluciones son estas, digo, si no cambian las reglas del juego hechas por los opresores y se limitan a promover una nueva forma de atraso –es decir, de extremismo religioso– en sustitución del que ha sido derrumbado? ¿Quién gana en un juego en el cual la mitad de la población no es otra cosa que un grupo de callados –y acallados– espectadores?

Dejadme ilustrar mis dudas con un ejemplo concreto: Amnistía Internacional ha publicado un informe en el cual afirma que muchas mujeres que se manifestaron en El Cairo y participaron en la revolución del veinticinco de enero fueron golpeadas, torturadas y obligadas a someterse a pruebas de virginidad. Un caso famoso es el de la activista Samira Ibrahim, la primera en revelar que fue obligada soportar esta violencia junto con otras seis mujeres en la prisión militar adonde fueron llevadas en la misma noche de su detención en la plaza Tahrir. Otro caso es el de la periodista Mona Eltahawy, una egipcio-americana que vive en Nueva York y que fue golpeada y detenida en el Ministerio del Interior en noviembre de 2011, al reanudarse las protestas en la plaza Tahrir. Quedó bajo arresto durante doce horas y tuvo que soportar agresiones psicológicas y sexuales. Le fracturaron el brazo izquierdo y la mano derecha.

Cuando leí esas noticias, condené con vigor las atrocidades que esas y otras mujeres habían padecido, y me sentí disgustada. Pero también vi una retransmisión televisiva en la cual una jurista egipcia explicaba a un público de mujeres desfavorecidas que «las mujeres no habían sido creadas para participar en la vida política». No sé cómo una mujer con un mínimo de dignidad puede llegar a hacer tan horribles declaraciones, sobre todo si se encuentra en una posición de poder y hay gente que la mira como si fuera un modelo a seguir. Tampoco entiendo cómo una mujer candidata en unas elecciones puede poner en los manifiestos una flor en lugar de poner su retrato, cosa que han hecho en Egipto muchas candidatas del partido salafista Nour, al igual que otras candidatas han llegado a poner los retratos de sus maridos en lugar de los propios. ¿Hace falta un comentario?

*

Dicho esto, ¿son las revueltas que han acontecido y siguen aconteciendo en el mundo árabe también revoluciones de mujeres?

Quiero decir, ¿son verdaderamente revoluciones? Lo cierto es que las señales no son especialmente prometedoras y que todavía estamos lejos de liberarnos de la monopolización patriarcal de las vidas privadas y públicas.

Dejadme dar un ejemplo de lo que estoy diciendo: hace poco nos han dicho que las mujeres sauditas, finalmente, han ganado nuevos «derechos políticos». Pero ¿podrá cambiar esto la situación de las mujeres, en un país de la edad de piedra que todavía les prohíbe conducir un coche y las castiga con latigazos si lo hacen, o si salen de sus casas sin cubrirse el rostro? ¿Podrá esto marcar la diferencia, en una nación en la cual muchas mujeres están en contra de sus propios derechos, como lo hemos visto cuando un grupo de activistas sauditas ha criticado severamente la «repugnante» transgresión cometida por las mujeres que conducen coches, y ha afirmado que cada mujer que lo haga merece ser escupida y flagelada sin piedad? ¿Mejorarán las vidas de mujeres que aún son víctimas de azotes por cometer adulterio y que no pueden moverse o salir del país sin el permiso de un guardián masculino? No puedo ser sino escéptica, en el mejor de los casos.

*

Frente a los fraudulentos regímenes árabes (los que han caído y los que sin duda caerán) fundados sobre el envilecimiento de las mujeres y de sus derechos, no puedo dejar de preguntarme: ¿Cuándo la mujer del mundo árabe dejará de gritar «dame mis derechos» para gritar «tomaré mis derechos con mis manos»? ¿Cuándo se dará cuenta de que estos derechos no son un lujo, sino un asunto fundamental? ¿Cuándo entenderá que no ha nacido para casarse, quedarse embarazada, obedecer, esconderse y servir a los hombres de la familia? ¿Cuándo comprenderá que todos esos discursos sobre la democracia son mentiras si no se afirma su igualdad con los hombres? ¿Y que todos esos discursos sobre la libertad son mentiras si sus derechos civiles no son respetados? ¿Y que todos esos discursos sobre el cambio y la modernización son mentiras si su situación, su posición y su papel no son revaluados? ¿Cuándo se enfurecerá por las brutales ofensas que debe soportar y que tienen el propósito de borrarla, día tras día, de todos los campos? ¿Cuándo saldrá de su capullo para transformarse en una fiera mariposa que se abre camino con las uñas? ¿Cuándo empezará a usar sus pensamientos, su voz, su enorme potencial, en lugar de usar tan solo sus orejas? ¿Cuándo, sobre todo, dejará de participar en el refuerzo del sistema patriarcal y de sus rancios principios?

En resumen: ¿cuándo explotará la «bomba» de la mujer árabe? Hablo de la bomba de su capacidad, ambición, libertad, fuerza y confianza en sí misma; la bomba de su rabia en contra de lo que le ha sido impuesto y que ella a menudo acepta de manera acrítica.

¿Primavera Árabe, la llaman? Hasta donde puedo ver, es otro invierno, o tan solo una primavera «cosmética». Pero, una vez más, debe haber un comienzo, aun cuando sea imperfecto y decepcionante. Esos mismos musulmanes fanáticos que hoy obtienen los votos para gobernar no serán votados otra vez si hacen un mal trabajo (y lo harán); lo que no aconteció en el caso de los dictadores recién derrocados, supuestamente «electos» con aplastantes mayorías del 99,99%. Derrocar a un dictador es el primer tímido paso hacia un reemplazo satisfactorio. Pero no es probable que el reemplazo resulte perfecto desde el inicio si falta la experiencia. Y las nuevas democracias que ahora están escogiendo a los partidos islamistas como fuerzas de gobierno deberán experimentar los horrores de estos sistemas y pasar por las dificultades de otro invierno –el último, con suerte– antes de percatarse de que han tomado una mala decisión y de empezar a moverse hacia un cambio positivo. En el mundo árabe la transición de la autocracia a la democracia y del autoritarismo al pluralismo debe pasar inevitablemente por una etapa de gobierno islamista. Considerémoslo un necesario purgatorio.

*

Cuando mi libro *Maté a Sherezade: confesiones de una mujer árabe enfurecida* fue publicado por primera vez, muchos me preguntaron: «¿Qué es lo que más te enfurece?» Y yo siempre contestaba: «El hecho de que allá no haya más gente enfurecida». Sí, el mundo necesita más furia, más hombres y mujeres que se indignen: hombres y mujeres que verdadera y firmemente crean que sus derechos civiles no están en tercer o cuarto lugar en la lista de las cosas por hacer.

Las mujeres que vivimos en esta parte del planeta somos discriminadas de maneras que constituyen violaciones de los derechos humanos: violaciones que van desde los matrimonios infantiles hasta la negación de la educación, la limitación de la libertad de movimiento, los bajos niveles sociales, económicos y educacionales, entre otros.

¿La solución? Es una sola. No consiste en parchear el muro frente al cual nos encontramos. No consiste en esconder sus defectos. No consiste en limitarse a desear que desaparezca. No consiste en negar su existencia. No consiste en redondear sus esquinas. No consiste en chillar delante de él. No consiste en rezar para que sea destruido. Ahora nuestra fuerza debe prevalecer sobre los instrumentos de represión que nos han sido impuestos por otros y por nosotros mismos. Y este cambio no puede venir de acomodarnos a ese sistema podrido, sino de su derribo. Así que es tiempo de empezar a luchar en contra del mediador que vive dentro de nosotros.

La solución consiste en destruir. Y destruir. Y destruir. Y reconstruir. Hombres y mujeres juntos, codo con codo. Esta es la verdadera *guerra* que necesitamos. Esta es la verdadera *revolución* que merecemos.

8. El desastroso invento de la castidad

Prefiero el vicio silencioso a la virtud ostentada.

ALBERT EINSTEIN

El poema

Receta para el insaciable

Antes que nada voy a mondar
ese tierno lunar
del lado izquierdo de tu cuello
donde mis lágrimas
y tu sudor
corren a esconderse.

Luego voy a tomar tus labios
—esa valla azucarada entre mi hambre y tú—
y los voy a saborear, lentamente,
con los míos.

Luego voy a chupar tu lengua
—ese jugoso
arco de un arquero
que grita lanzando mi nombre
como un dardo delicioso—.

Luego voy a masticar tus ojos
—esas intensas ventanas
bien abiertas sobre
mis gemidos bien dispuestos—.

Luego voy a morder tus dedos
—esas antorchas picantes
que vagabundean por mi carne–.

Luego voy a beber
tres gotas de tu leche envenenada
para hundir mi sed
bajo la tuya.

Y para acabar
voy a abrir tu pecho
voy a cortar tus venas
voy a arrancar la octava
de tus siete costillas
y voy a empezar a comerte
hasta que nada quede
hasta que nadie quede
sino
el
delicioso
enloquecedor
ay tan perfecto
gusto
de mi apetito.

La diatriba

El pene: instrucciones de uso

> Un caballero es tan solo un lobo paciente.
>
> WINSTON CHURCHILL

Querido señor Hombre:

No se preocupe, esta no será la sólita lista de estereotipados mantras del tipo: «El placer de la mujer viene antes que el vuestro». Usted ha sido tan bombardeado por frases así que ahora ya debería haber aprendido la lección, hasta el punto de obsesionarse cada vez que abra la bragueta de sus pantalones. Como jugadora honesta que soy, reconozco su mayor angustia cada vez que llega al momento del sexo, puesto que se supone que tiene que tener el órgano rígido, duro y listo. Ni siquiera puedo imaginar todos los términos denigrantes que acompañan al fracaso de un hombre que no logra alcanzar la adecuada firmeza requerida. Seguramente, tal presión no se lo pone fácil.

Además, no volveré sobre los contratiempos que preceden al coito: las frases desastrosas, aburridas frases (sí, hay hombres que todavía dicen: «Me suena tu cara. ¿Dónde te he visto?»), como la táctica del «soy el mejor del planeta», o la endémica del «difícil de conseguir» (que debería estar en la lista de las enfermedades de transmisión sexual), o el acercamiento con cara de perro regañado.

Voy a suponer que el trato ha sido claro, y que ambos ya están en una situación claramente «comprometedora».

No soy una terapeuta del sexo. No sé curar la impotencia o la eyaculación precoz, y estoy lejos de creer que el siguiente manual funcione con *todas* las mujeres. Al fin y al cabo, el sexo es un campo minado, y muy subjetivo, además. Pero según mi experiencia, y la de las amigas con las cuales he compartido durante años fantasías, quejas y secretos deseos, sé que tiene que ver con muchas, si no con la mayoría. Así que, si lo que quiere es que el placer sea recíproco, puede ser útil recordar algunos de los siguientes consejos:

1. Jactarse *no* sirve para excitar. Si usted es todo un semental no necesita decirlo: esto solo le haría parecer inseguro. Sus actos serán una placentera sorpresa para ella, en lugar de la aburrida narración de sus proezas mientras le desabrocha el sujetador. (sin contar con que usted podría hacer un uso mucho mejor de su lengua).

2. Si antes de hacer el amor usted siente la necesidad de doblar apropiadamente su ropa, usted es seguramente un buen chico, pero un mal amante. El sexo se hace en un campo de batalla, no en un quirófano estéril.

3. Usted ya no es un adolescente: no pida permisos, no se lave las manos demasiadas veces, no haga muecas y, por el amor de dios, no agradezca; ella no tiene las llaves de la tierra prometida. Además, créame, ella no le está haciendo un favor: llénela de placer y será ella quien se lo agradecerá.

4. No se deje engañar por la llamada de esa puerta aparentemente abierta. Tendrá que pasar a través de ella si no quiere que se le cierre en las narices. Así que dé el golpe, aun cuando ella parezca desarmada. Además, usted tiene un «sable» por ahí: sea generoso con los golpes bajos. Ella no los usará en su contra.

5. Alterne mordiscos y besos, caricias y arañazos: despierte al animal que duerme en ambos. Marque su territorio y deje que ella marque el suyo. Pellizque, desafíe, azote, agarre, use, dé órdenes, excite, devore… Diga al civilizado caballero que vive en su mente que se vaya al diablo y póngase a trabajar.

6. No la tome por lo que es. Tómela por lo que puede ser. Busque el potencial erótico detrás de la máscara de timidez, mojigatería, tabúes, miedo, reservas y consideraciones sociales y religiosas.

7. Dígale lo que usted quiere, sea atento a lo que ella quiere, pero no le dé clases. Cuando las necesidades y expectativas se muestran de antemano, la acción se vuelve automática. Anticípese al maestro y gánele en su mismo juego.

8. El príncipe azul está pasado de moda. No la rapte en su caballo blanco: usted puede ofrecerle una «cabalgada» mucho más excitante.

9. No apague su sed de golpe: deje que arda.

10. Tómela cada vez como si fuera la primera: si usted tiene una imaginación sofisticada, las primeras veces son infinitas.

11. Tómela cada vez como si fuera la última: podría verdaderamente serlo.

12. No se limite a abrazarla: apriétela.

13. Si no se siente como algo irresistible, y si no se sienten atraídos como por un imán, no lo haga (a menos que le gusten las sopas frías). El sexo no puede ser algo trivial. Tiene que ser intenso y apasionado, aunque sea un *affaire* de una sola noche.

14. No folle con guantes de terciopelo y corbata. No folle con cuchillo, tenedor y sin desmelenarse. ¿Etiqueta en la cama? ¿Buenos modales? Recetas para la frigidez. Suelte a sus demonios traviesos y deje que correteen entre ambos.

15. ¿Recuerda esas palabras que le dijeron que eran malas y vergonzosas? ¿Esas palabrotas que le daría vergüenza incluso susurrarlas? Bien, grítelas.

16. Sí, ella puede gozar del sexo tanto como usted. Deje de temblar si ella quiere ponerse un anillo en el dedo cada vez que tiene un orgasmo.

17. Ella no le está dando el pecho. Lama sus pezones, en lugar de chuparlos como lo hace el bebé recién nacido.

18. No se apresure. La velocidad mata el hambre y hay mucha diferencia entre un *gourmet* y un devorador compulsivo frente a una barra de bufé; una emboscada es exitosa cuando es furtiva, no cuando es una ruidosa invasión.

19. Tiéntela, siga tentándola, y tiéntela una vez más: el arte de la seducción consiste en una astuta y juguetona intensificación progresiva. No estoy hablando del fútil juego preliminar, que a menudo es insípido (y que se ejecuta por obligación, porque a los hombres se les ha lavado el cerebro sobre la importancia de «preparar» a una mujer), sino de la sofisticada técnica del tormento.

20. Penetrar no es sinónimo de taladrar. El «hueco» ya está, ¿recuerda? Así que, en lugar de ejecutar el insoportable acto de ir hacia delante y hacia atrás como un robot, devástela dulcemente: avance en profundidad, quédese dentro de ella por unos segundos, luego retírese completamente, pedacito tras pedacito. Poco a poco, hasta obligarla a pedirle que se quede.

21. Las posiciones insólitas son agradables, hasta que le provocan calambres en las piernas y se convierten en una fatigosa muestra de sus habilidades. Le aseguro que no necesita ser un experto en el Kamasutra para satisfacerla.

22. ¿Para qué mentir? Sí, el tamaño importa, pero lo que más importa es la manera en que usted usa su herramienta. Puede estar muy bien dotado, pero no saber cómo complacer a una mujer; y puede tener un instrumento modesto y sin embargo ser capaz de satisfacerla muchísimo.

23. Que después del sexo ella quiera abrazos y usted quiera dormir es un desastroso cliché poscoital. Puede ser al revés. Así que no se sienta confundido o desairado si ella se duerme antes de que usted se deshaga del condón.

24. No haga nada *para* ella fuera de lo estrictamente necesario. Se daría cuenta, y esto le arruinaría el placer. Usted es el compañero, no el soldado en misión sexual. Cuanto más goza usted de ella sin pudor, en lugar de concentrarse mecánicamente, más sexy se sentirá ella y más se dejará llevar.

25. Las conversaciones en la cama no deben consistir en monólogos sobre el campeonato de fútbol, lo genial que era su madre, su diarrea crónica o los motores de los coches italianos.

26. El sentido del humor es sexy porque es una señal de inteligencia y porque baja la tensión (con la condición de que sea elegante y no grosero). Así que es recomendable en todos lados *menos* en la cama: único lugar en el cual la tensión no debe ser mitigada. Lo gracioso está bien antes. Lo gracioso está bien después. Pero lo gracioso *durante* es fatal: en ese momento es cuando debe usted ser perverso. Lo más perverso que pueda.

27. Si ella emite ese infantil sonsonete mecánico que irrita a la mayoría de los hombres, significa que está más preocupada por su placer que por el suyo. Significa que actúa, que *no* está gozando. Recuérdele que le está dando placer también a usted y quítele la tentación de simular un orgasmo.

28. A la mierda con lo «sagrado». No dude en ser obsceno. Y aparte a un lado la corrosiva literatura religiosa sobre el antagonismo entre puta y santa. Aun cuando ella sea, o vaya a ser, la madre de sus hijos, no la ofenderá una buena (y blasfema) follada.

29. Ah, otra cosa más. Recuerde que usted no va a ponerse de rodillas para rezar. Va a ponerse de rodillas para *cazar*.*

---

* En el original, juego de palabras intraducible entre *to pray* y *to prey*.

La narración

Perded toda inocencia, los que entráis aquí

Era egipcio. Y estaba casado. Ninguna de esas dos cosas impedían que fuese un amante excelente y encantador. Al contrario. Tenía la sangre caliente de los grandes faraones, mezclada con las tórridas frustraciones naturalmente provocadas por el sexo conyugal: un *cocktail* verdaderamente explosivo. Ese directo descendiente de Jufu era también muy especial. Y decir especial es un eufemismo. Cuando llegamos al hotel para «consumar» nuestra relación ilegítima, lo primero que hizo después de desnudarme fue mirar hacia la flecha Kaaba que estaba sobre el techo de la habitación: ya sabes, es la señal que apunta hacia la Meca e indica a los buenos musulmanes, temerosos de Dios, hacia donde dirigirse cuando rezan.

Ah, y cuánto rezaba, mi faraón. Cuando llegó el momento de la plegaria salió disparado de nuestra cama pecaminosa, aún desnudo y dejando gotitas de esperma detrás de sí, como en una versión porno de Pulgarcito (por cierto, el esperma no es una sustancia sucia [*najas*] para el islam), e hizo sus abluciones. Sucesivamente se cubrió la zona entre el ombligo y las rodillas con una toalla del hotel Sheraton, se dirigió hacia la Kaaba y se sumergió en la Fatiha. Luego volvió, tomó un sorbo de champán y continuó la mortal tarea con renovado y espiritual entusiasmo.

No sé si estaba rezando para obtener la absolución por lo que estaba haciendo conmigo o para pedir la fuerza necesaria para seguir teniendo esas impresionantes erecciones. Pero lo hacía con fervor (rezar, digo, pero también tener erecciones), hasta el punto de que volvió con un pequeño chichón rojo en la frente, que se había procurado a fuerza de postraciones. En las veinticuatro horas que pasamos juntos lo vi rezar las tradicionales cinco veces.

Al principio lo veía con desconcierto, encontrando toda la escena bastante divertida, como un comportamiento raro y subversivo. Gracias, doctor Freud. Un musulmán casado que comete adulterio y bebe alcohol y sin embargo insiste en los cinco rezos diarios, que el profeta le había ordenado, para garantizarse la entrada en el paraíso. No estaba preocupada, al contrario, estaba segura de que mis «diablos» lograrían apoderarse de él, y que pronto él terminaría doblegándose tan solo ante mi Venus. Pero el tipo era perseverante, para mi decepción. Tres meses después de comenzar nuestra aventura seguía tan devoto como antes. Mi reacción había pasado de la diversión al enfado. Empecé a buscar una salida antes de que se dejara crecer una de esas horrendas barbas salafitas. Hasta que un día mi «salvación» vino de él: de repente se retiró, justo cuando yo estaba a punto de tener un orgasmo explosivo, para ir a rezar el Maghrib (la plegaria del ocaso). Y así se acabó. Estaba cansada de ese dios que me impedía alcanzar mi placer. Adiós Jufu.

No lo volví a ver, pero a veces todavía lo imagino, con su enorme instrumento en el aire, preparándose para su mantra de Allahu Akbar. Un hombre casto, eso creía ser.

*

Puesto que la historia que acabo de contar tuvo lugar cuando tenía vente años, me he sentido como en un *déjà vu*. Esto me ha hecho pensar en otro hombre que conocí muchos años antes, durante los tiempos de la escuela. Se llamaba padre Hanna, y era un católico verdaderamente excepcional, maestro en el arte de mezclar los consejos espirituales con el acoso a las adolescentes. Nos acompañaba a los retiros espirituales obligatorios y nos daba consejos sobre las dudas, la fe y el espinoso camino que las une. El padre Hanna tenía la confianza de todos: los padres, los maestros, las monjas, y no me hubiera sorprendido que tuviera también la confianza de las nubes, del sol y de la galaxia entera. Es que tenía un rostro divinamente infantil y hablaba con una voz tan suave y dulce que ni el mismísimo Belcebú se hubiera resistido a su encanto. Solo le faltaba la aureola resplandeciente alrededor de la cabeza. Pero evidentemente era radiactivo en otras partes del cuerpo.

Un día ese aspirante a santo, que tenía un sexto sentido capaz de reconocer a las «ovejas negras», me citó para un encuentro privado. Debajo de una inmensa cruz de madera colgada de la pared empezó su práctica de conversión con un agobiante sermón sobre la debilidad humana, y terminó con su bendita mano sudada sobre mis muslos. Disgustada, salí corriendo del cuarto, y así se acabó mi ya tambaleante fe en el supuesto voto de castidad y en otras quimeras católicas.

Los dos ejemplos que he dado no se pueden generalizar. Lo sé perfectamente bien, así como sé que en el mundo hay millones de musulmanes y católicos que, aun estando frustrados, no ceden a las llamadas de sus instintos «sucios». Pero ¿hace esto que las religiones establecidas sean más creíbles y viables? ¿Las hace más cercanas a la naturaleza humana? ¿Les da la capacidad de influir positivamente sobre nuestras vidas? Las leyes y prohibiciones religiosas, ¿nos hacen más civilizados y humanos? Permitidme, al menos, dudarlo.

*

Más sobre el tema de los falsos puritanos: cuando supe por los medios de comunicación de la supuesta afición de Osama Bin Laden por la pornografía, me pregunté si no se trataba de un invento. Pero ¿qué importa si a Bin Laden le gustaba o no la pornografía? Esto no cambia el hecho de que su modelo está muy difundido y en constante crecimiento en nuestras sociedades árabes. Entiendo por este modelo el de una persona enferma con una profunda esquizofrenia; alguien que por un lado condena la decadencia y por el otro practica la prostitución intelectual. Alguien virtuoso en público y vicioso en secreto. Alguien obsesionado con el sexo, pero incapaz de hablar de él abiertamente. Alguien que sermonea sobre castidad y valores que está muy lejos de practicar. Alguien que exhorta a la plegaria y a la liberación del peso de los pecados, pero que se alivia de la presión de sus necesidades y de sus complejos en lugares donde nadie puede verlo u oírlo.

¿Cuánta gente con este tipo de carácter doble vive hoy en el mundo árabe? Es una pregunta retórica que ni siquiera pienso contestar. Bastaría con decir que la palabra más buscada en Google, en el mundo árabe, es «sexo». Justo como escribió Christopher Hitchen: «No se prohíbe ninguna cosa, a menos que los que la prohíben (y claman por el castigo más severo) tengan un deseo reprimido de hacerla».

*

En nuestra cultura, los términos virtud y abstinencia son sinónimos, así como lo son los de libertad y libertinaje, especialmente si se refieren a una mujer. A una mujer «liberada» inmediatamente se la ve como a una puta y no como a una persona con pleno derecho a decidir qué hacer con su cuerpo, si acostarse con un tipo, o con dos, o con ninguno. En efecto, para la mayoría de los árabes una mujer es «un ser humano de naturaleza angelical que sueña con atardeceres románticos, amor eterno y espectaculares recetas de cocina»; mientras que un hombre es «un ser humano de naturaleza animal que busca aventuras y placeres sexuales, y que huye de compromisos duraderos como si fueran la fiebre tifoidea».

Siempre que comparo esos dos clichés, francamente me inclino hacia el segundo, a pesar de mi obvia constitución femenina, constitución que conlleva una función «predeterminada» que, según la explicación tradicional, debería haberme protegido de la ciénaga hedonista en la cual, al parecer, vivo, y guiarme por el recto y estrecho camino de la castidad.

Es más, en nuestra cultura, a las mujeres que se atreven a gozar de la sexualidad se las describe como enfermizas ninfomaníacas: término clínico que describe su rendición a sus deseos irregulares (los hombre que lo hacen son, obviamente, sementales); término denigrante que, en el mejor de los casos, se usa con arrogante condescendencia. Los que no lo pronuncian en voz alta tienen ojos acusadores. Puedes sentir su objeción, su desaprobación y también su rechazo. Casi puedes oír su protesta: «¿Cómo puedes ser *así*? ¿Olvidaste que eres mujer? Despierta y razona. Una mujer árabe respetable no se porta así. Nosotras buscamos el compromiso y el matrimonio, no los placeres pecaminosos».

Desde Beirut hasta Riad, desde Damasco hasta Doha escucho estas voces. Las escucho y las analizo, y no puedo no apiadarme de ellas: son de mujeres con el cerebro lavado por siglos de manipulación patriarcal y de negación compulsiva, que repiten en coro lo que les han dicho las madres árabes, los padres árabes, la sociedad árabe y el ambiente cultural árabe. Mujeres momificadas y solas, entrampadas en el viejo ideal patriarcal femenino que afirma que una mujer no debe «regalar» su cuerpo a un hombre si este no le pone primero un anillo al dedo. Porque son sobre todo los hombres los que deciden que, para una mujer, esta es la manera justa de portarse –la manera correcta, respetable, verdaderamente femenina–, y son ellos los que consideran este comportamiento cobarde y cauteloso como una prueba de buena educación y moralidad lograda por parte de una mujer.

Ahora explicadme, por favor: ¿Qué tiene que ver la moralidad con el uso (frecuente o no) que yo hago de mi vagina? ¿Quién decide que las normales necesidades de mi cuerpo están en conflicto con mi identidad femenina? ¿Cómo puede mi libre albedrío ser una ofensa para mi identidad femenina? Lo que verdaderamente ofende aquí es que muchas mujeres consideren su cuerpo como una cosa, un regalo. Y que crean que la única finalidad de su cuerpo es satisfacer a un hombre, y que no está hecho para darles placer a ellas mismas. La verdadera ofensa es que están persuadidas de que no pueden ser libres con ese cuerpo, de que no pueden tomarse libertades con él, saciar su hambre, aplacar su sed.

Muchas de estas mujeres podrían objetar: «Pero si me porto así con un hombre, creerá que soy una puta y me dejará por otra». Creedme: este es otro cliché. Un cliché pensado en contra de vosotras, en contra de vuestros derechos, en contra de la plenitud de vuestras vidas, aunque vosotras lo consideréis válido. Pero insisto, ¿qué importa si os abandona por otra? ¿Acaso merece vuestro interés y vuestra total inversión emocional si se porta como imbécil machista?

*

¿Castidad, entonces? Tan solo una fábrica de complejos. Me pregunto qué es más «ético»: ¿una mujer desnuda gozando entre los brazos del hombre que desea o ama, o un hombre que se masturba fantaseando e imaginándola y luego la condena en público?
Y algo aún más importante: ¿quién es más «corrupto»?

9. El desastroso invento del matrimonio

> Hay un tiempo para todo, menos
> para el matrimonio, querida.
> THOMAS CHATTERTON

El poema

Quietos

Quiero crear para nosotros un mundo paralelo
sin ansiedades que matan;
sin ilusiones, sin remordimientos,
sin fantasías frustradas;
sin deseos ocultos, sin equipos de supervivencia;
sin sospechas y además sin certezas.

Un mundo paralelo,
sin niños llorando en la noche,
sin tasas universitarias que me preocupen,
sin tontas peleas por la mañana
porque nos quedamos sin cereales.

Sin arrugas tristes alrededor de la boca
sin círculos negros alrededor del corazón;
sin apretadas cadenas alrededor del cuello,
sin «demasiado cansada para el sexo».

Un mundo paralelo
sin necesidad de débiles excusas
para mentiras piadosas,
para billetes de ida

para cobardes adioses.
Sin necesidad de «tuya para siempre»
y tampoco de «sin apegos».

Un mundo imposible,
infinito como un poema sin escribir
con nosotros solamente
desnudos y abrazados
abiertos al hambre recíproca
como dos palmeras libres,
y con el tiempo suspendido sobre nosotros,
quietos.
Quietos como un retrato feliz, en su marco,
sobre un viejo escritorio de roble.

La diatriba

Dinámica de una metedura de pata milenaria

La bigamia consiste en tener una esposa de más.
La monogamia también.
Oscar Wilde

Paso 1:

De la indiferencia pasas a la curiosidad. Hay una chispa. No cabe duda. Algunos lo ven así: «Dos palos que se frotan deben producir calor». Para otros es una «objetiva coincidencia». Hagámoslo más simple y evitemos demasiados análisis: dos líneas no paralelas tienen cierta probabilidad de intersectarse en algún punto. Geometría 101. Allí se produce la chispa. «La tentadora llamada de lo desconocido», como diría el poeta romántico. Y allí está el gato. Dentro de ti. Y el gato no puede hacer menos que echar un vistazo detrás de la cortina. Y lo atrapan. Porque es lo que quiere.

Paso 2:

De la curiosidad pasas a la pasión. Se despliegan todos los elementos del perfecto ecosistema de la negación: autoengaño, autocomplacencia, autocomprensión, autodecepción... Al otro no hay que culparlo: a él o ella hay que verlo como un simple y cínico instrumento. Disponible por obra de X (circunstancias, destino, Dios, no importa quién) en el lugar y en el momento justos. Obviamente

Einstein ya lo sabía. Así que tomas la decisión de casarte, reproducirte y vivir feliz para siempre. Esto es lo que te han enseñado a hacer, cuando se presenta la persona justa. «¡Fuego!, ¡fuego!», hubieran gritado los cavernícolas. Pero en aquel entonces no tenían la palabra.

Paso 3:

De la pasión pasas al odio. El matrimonio enciende la luz. Hasta cuando es demasiado tarde: «mejor tarde que nunca» es una expresión que nunca envejece. Pero «cuanto antes, mejor» obviamente representa una opción superior. El matrimonio prende la luz y la escena es, generalmente, bastante repugnante, por no decir más: defectos, decepciones, frustraciones, molestias, rutinas, broncas, flojeras, calcetines sucios…; es decir, la verdad. La desnuda, franca, tosca verdad. Es la interminable historia del elefante en la sala. Hasta ahora, de alguna manera te las has arreglado para no verlo. Pero el tiempo de la autocompasión ha pasado.

Paso 4:

Del odio pasas a la indiferencia. Y es entonces cuando verdaderamente te liberas: el odio es un mito sobrevalorado. Porque es la indiferencia, y tan solo la indiferencia, la que te garantiza la verdadera salvación del espejismo. Entonces, o decides quedarte (por amor a los niños, quieres creer. O por amor a las reglas sociales), o te liberas. En ambos casos, el compromiso se ha esfumado. Y con él, los fantasmas de Cenicienta y del príncipe ideal.

… Y el gato dentro de ti vuelve a las andadas, bien decidido a no echar nunca jamás un vistazo detrás de la maldita cortina. Bueno, no exageremos: a no hacerlo por un tiempo, un poco de tiempo. Porque a menudo es la víctima, y no el culpable, el que vuelve a la escena del «crimen».

La narración

Te acepto a ti como mi amor provisional

> Se necesita paciencia para apreciar la felicidad
> conyugal; los espíritus inquietos prefieren la infelicidad.
>
> GEORGE SANTAYANA

Lloré durante toda la ceremonia. Por mis jóvenes mejillas veinteañeras caían lágrimas calientes del tamaño de las cascadas del Niágara, y no las podía parar.

Mi madre estaba segura de que yo lloraba porque iba a perderla, y estaba orgullosa de sí misma por haber crecido junto a una hija tan dulce y cariñosa. Mi padre, que para empezar no quería que me casara, estaba preocupado porque creía (o más bien esperaba) que yo no estaba tan segura de continuar con la ceremonia, así que empezó a pensar en la mejor manera de facilitarme la huida de la iglesia. Mi futuro marido atribuía orgullosamente mi llanto a la emoción provocada por nuestra próxima unión. Mis futuros suegros suponían que las mías eran lágrimas de felicidad por haber atrapado tan buen partido (sin comentarios).

El obispo me creía conmovida por las palabras de San Pablo sobre «el marido como guía de la mujer» (odiaba a ese santo misógino, y aún lo odio). Mi dama de honor pensaba que era porque no me gustaba el vestido que ella misma había escogido (en efecto, no me gustaba). Mi tía, cincuentona y soltera, me imaginaba aterrada

153

por la primera noche y la inevitable pérdida de la «pureza» que implicaba (francamente, deshacerme de esa carga era lo único que yo deseaba en ese santo día).

Pero ahora, más de veinte años después, ha llegado el momento de admitir que la razón de ese llanto amargo en mi primera boda católica era más dolorosa que la mayoría de las plausibles razones que he enumerado: y era que mis nuevos y blancos zapatos de tacón apretaban mis suaves y frescos pies de novia, recién salidos de la pedicura. Y esta podría ser la mejor metáfora para describir qué es para mí el matrimonio: una dolorosa, costosa y, sin embargo, a veces inevitable opción.

*

Se dice que la necesidad es la madre de los inventos. Pero me pregunto cuán verdadera es esta afirmación cuando pienso en inventos como los calcetines para gatos, los sombreritos para los rollos de papel higiénico, el perfume de tocino y... el matrimonio. En relación con este último, con cómo se practica y cómo se concibe en casi todo el mundo árabe, hay cuatro cosas dañinas. Permitidme repasar brevemente con vosotros estos defectos intrínsecos:

En el mundo árabe el primer defecto del matrimonio es que está bajo el control religioso: el matrimonio civil no existe en la mayoría de los países árabes, incluyendo al moderno y «superfestivo» Líbano. Todos los matrimonios son llevados a cabo por las autoridades religiosas y son registrados por las autoridades civiles solamente después de haber sido registrados por las autoridades religiosas reconocidas. A pesar de esto, el hipócrita sistema libanés reconoce los matrimonios civiles contraídos en el extranjero, y Chipre se ha convertido en el destino número uno de las parejas libanesas que quieren evitar el matrimonio religioso. El problema principal del matrimonio religioso –aparte del hecho de que es religioso– es la dificultad para obtener el divorcio y el sistema tendencioso que lo regula (en contra de las mujeres, obviamente). Una vez una amiga me contó que cuando le preguntaron por qué quería divorciarse y ella contestó que había sorprendido a su marido teniendo sexo con su hermana, el sacerdote católico de la corte religiosa le dijo con calma: «Deberías tener más paciencia con él, hija mía». Al escuchar esta historia me dieron ganas de vomitar. Otras amigas me dijeron que a cambio de la obtención del divorcio les habían pedido favores sexuales. Por no hablar de la custodia de los hijos, que casi siempre se otorga a los padres. Si una mujer pide el divorcio por adulterio, a menudo lo que obtiene es una palmadita en el hombro y el consejo de volver a su casa. Si lo hace el marido, se abren las puertas del infierno y la bruja/puta es despojada de todos sus derechos. ¿Tu marido te pega? Cálmate, y no armes tanto escándalo. Hasta tenemos un dicho que lo perdona y lo vuelve deseable: «Una paliza del amado es dulce como las pasas», decimos los árabes. Os aseguro que me gustaría llenar de pasas las bocas de esos abusadores hasta hacerlas reventar.

Pero ¿cuándo se convirtió el matrimonio en un asunto religioso? En las culturas ancestrales el concepto se creó para satisfacer la necesidad de certeza que los hombres tenían acerca de la paternidad de los niños, pero se consideraba un asunto privado y terrenal. No implicaba ni compromisos vinculantes ni ceremonias especiales: era tan solo un mutuo consentimiento entre un hombre y una mujer con el fin de poder considerarse una pareja. Luego llegó la era monoteísta, y el matrimonio se convirtió en una unión que tenía que ser «consagrada» por Dios: otro genial instrumento de dominio sobre las masas y de normalización de la sexualidad, de las relaciones entre el hombre y la mujer y de los derechos políticos, sociales y económicos de los pueblos.

En el judaísmo, el cristianismo y el islam el matrimonio se considera un sacramento, un vínculo sagrado ordenado por Dios, del cual Él mismo es partícipe. Y es Dios quien vigila la reproducción y todas las consiguientes actividades sexuales (como veis, un hombre invisible puede estar muy ocupado). A los niños árabes nacidos fuera del matrimonio religioso se les considera, aún hoy, bastardos, y pagan su ilegitimidad con desventajas legales y estigma social. Solamente hace poco el anterior ministro de asuntos interiores libanés, Ziad Baroud, intentó eliminar esa expresión de los certificados de nacimiento de los niños nacidos fuera de una unión legal. Pero hay que recorrer un largo camino para llegar a su aceptación legal y social. Y no hablemos de las situación en otros países árabes, como Jordania o Arabia Saudí: muchas mujeres que no pueden abortar prefieren suicidarse antes de que «eso» les pase, porque es preferible morir a vivir con la vergüenza de un niño nacido fuera del matrimonio (aun cuando el embarazo sea el resultado de una violación por parte de un miembro de la familia, como acontece en muchos casos).

Recuerdo que una vez, en Milán, participé en una conferencia sobre el tema de la discriminación y una mujer del público me hizo una pregunta sobre la condición de las madres solteras en Líbano. Me dieron ganas de reír: de frustración, obviamente, no de alegría. ¿Madres solteras? Hasta donde sé, no existen. En Líbano, y en el mundo árabe en general, solo hay dos tipos de mujeres: las casadas y las «putas», es decir, mujeres que han arruinado la reputación de sus familias por quedarse embarazadas antes del matrimonio. Y estas últimas no se ven. Son invisibles, aunque se hable de ellas en voz baja.

Sin embargo, ser madre soltera es lo que muchas mujeres plenamente realizadas desean. A muchas el matrimonio les parece inevitable solo porque quieren tener hijos. Frecuentemente mis amigas solteras hablan de sus deseos de tener hijos sin la necesidad de cargar con el peso de un compromiso matrimonial. Pero este es un sueño que dista mucho de poderse realizar, como lo es el de una cohabitación sin matrimonio. Apuesto a que sería más fácil realizar viajes en el tiempo que ver a madres solteras orgullosas y respetadas en el mundo árabe.

Es también digno de destacar que el matrimonio ha demostrado ser una actividad lucrativa para las instituciones religiosas y sus miembros. En efecto, se ha convertido en un gran negocio, no solamente para restaurantes y floristas, también para sacerdotes y jeques. En algunos entornos se sigue exigiendo la dote y el precio de la esposa (*mahr* en el Islam). Normalmente el acuerdo se hace entre el novio (o su familia) y la familia de la novia. Estos acuerdos, que se parecen mucho al tráfico de esclavas, se justifican como una «estratagema para hacer el divorcio más difícil para el hombre». Pero la lógica del «estoy contigo porque no me puedo dar el lujo de dejarte» se revela enfermiza si una decide quedarse como está a pesar de la urgencia que tiene de separarse. ¿Cómo podría un arreglo económico mejorar la calidad de una relación entre dos personas? ¿Cómo se puede pensar que fomenta el amor y la cercanía? Ah, se me olvidaba, el matrimonio no tiene que ver con esto.

*

El segundo problema del matrimonio en el mundo árabe es que se trata de una institución patriarcal que promueve la superioridad masculina y el poder sobre las mujeres. Y es que una mujer árabe no adquiere estatus, a los ojos de la sociedad, hasta que se casa y se convierte en la esposa de alguien (notad que, como en muchos otros idiomas, para las solteras hay un término especial –señorita– que no tiene equivalente para los solteros). A las «solteronas» se las trata con compasión y condescendencia. Por no mencionar que a las esposas todavía se las exige que hagan las tareas domésticas, aun cuando tengan otro trabajo. Obviamente, el monoteísmo tiene un papel determinante en el establecimiento del patriarcado en la unión, ya que hace de ella una institución basada en la superioridad y el privilegio masculinos y en la correspondiente subordinación de las mujeres: «Mujeres, sed sumisas a vuestro esposo como al Señor». Una buena esposa obedece a su esposo y se somete a su autoridad. Una buena esposa tolera todo tipo de opresión sexista (incluyendo violencias psicológicas y físicas) como algo «natural» causado por la superioridad cultural, económica, política y legal del marido. Una buena esposa toma con orgullo el apellido de su marido (después de haber heredado, durante los primeros dos o tres decenios de su vida, el apellido de su padre). De una buena esposa se espera que se encargue de la casa y que cuide a los niños: mientras que el hombre opera en el ámbito público, la mujer opera en el ámbito privado (ella es la proveedora de cuidados, «la mano que mece la cuna»).

¿Es toda la culpa de los hombres? Claro que no. Un ejemplo lo puede esclarecer: muchas esposas libanesas se encargan del cuidado de los niños y de los quehaceres domésticos (con la ayuda de mujeres etíopes, filipinas y de Sri Lanka), pero al mismo tiempo se resisten a participar en las actividades económicas de la familia. Pretenden ser tratadas como iguales, pero tan solo quieren las ventajas de la igualdad. Y sobre todo siguen educando a los hijos de una manera que alienta, en los chicos, actitudes de dominio, agresividad y narcisismo; y, en las chicas, pasividad y agresividad pasiva, en lugar de fomentar en ellos una visión equitativa de los sexos.

Volviendo a la relación entre matrimonio y patriarcado en el mundo árabe, ¿es necesario que recuerde que en el islam un hombre puede tener hasta cuatro esposas? Intentad decir a estos hombres que os gustaría ver, en cambio, a una mujer con cuatro maridos: sería una herejía. Por contra, podrían hablaros durante horas de cómo el islam respeta los derechos y la dignidad de las mujeres, y de que su esencia se encuentra en la «justicia» y la «ecuanimidad». Los tiempos del harén no se han acabado para nada.

¿Y qué decir de la ley que permite a un violador salir libre si se casa con la víctima? Sobre este tema, dejad que les cuente la historia de Amina Filali, la joven marroquí de dieciséis años que se suicidó después de ser obligada a casarse con el hombre que la había violado. En efecto, el artículo 475 del Código penal marroquí permite al secuestrador de una menor casarse con la víctima para evitar la pena, y ha sido usado para justificar la costumbre tradicional de obligar al violador a casarse con la víctima para proteger el honor de la familia de la mujer. Amina se había quejado a su madre de que, durante los cinco meses del matrimonio, el marido la golpeaba sistemáticamente, pero su madre le aconsejó «paciencia». Así que la joven acabó con su vida ingiriendo matarratas. La ley enfermiza que acabo de mencionar no es tan solo marroquí: en muchas partes de Oriente Medio, incluyendo Líbano (el artículo 522 de nuestro Código penal es igual, y permite incluso el acoso a los niños y la violencia sexual sobre los discapacitados mentales), existe una ley por medio de la cual el violador o agresor puede evitar el castigo si se casa con la víctima, devolviéndole así el honor. De esta manera el criminal está a salvo y la víctima es castigada de por vida.

¿Y qué decir del *zawaj al mut´ah* o *nikah al mut´ah* (matrimonio de placer) del islam chiita? Es un contrato matrimonial temporal que se disuelve automáticamente una vez que termine su breve período, sin necesidad de divorcio. La mujer solo tiene que decir: «Me caso contigo por cierta cantidad de dinero (declara cuánto) y por cierto tiempo (dice cuánto)». Luego el hombre dice: «Acepto». Y ya está. Una amiga me dijo que una vez un primo suyo quiso contraer un matrimonio de placer con una prostituta rusa, así que le hizo repetir como un loro las sagradas palabras árabes necesarias para que el matrimonio fuera válido. Ahora bien, para una persona normal esto sería prostitución legalizada, porque el supuesto matrimonio puede durar no más de media hora y la mujer recibe dinero a cambio. Pero para los musulmanes chiitas es una unión honrada y no se considera libertinaje: es suficiente que pronuncies el nombre de Allah y unos versos del Corán y ya no estás pecando o follando con una prostituta. Notad, además, que en este caso las esposas pueden ser más de cuatro, puesto que el marido no tiene que mantener a la esposa y el matrimonio no es permanente. Así que un hombre puede tener todas las «esposas de placer» que quiera (y que se pueda permitir): repito, todo esto desprende hedor a harén.

También existe el *zawaj al misyar* o *nikah al misyar* (matrimonio de viaje) practicado sobre todo por los suníes, por medio del cual un hombre puede tomar una esposa temporal cuando viaja al extranjero. En una sociedad conservadora que castiga la *zina* (fornicación) y las otras relaciones sexuales fuera del contrato matrimonial, esto, otra vez, es «libertinaje» institucionalizado. Hay muchos puntos en común entre *mut´ah* y *misyar*, menos dos: la fecha de vencimiento prefijada en el *mut´ah* y el hecho de que el *misyar* suní requiere dos testigos varones y adultos, mientras que en el *mut´ah* chií los dos testigos pueden ser tan solo Allah y el Corán.

¿Y qué decir de las esposas niñas? El islam enseña que una chica entra en la edad adulta al inicio de la pubertad (como si el comienzo de la pubertad fuera lo mismo que la edad adulta), así que está lista para casarse. Las fuentes islámicas afirman que Mahoma propuso el matrimonio a Aisha cuando esta tenía seis años. Y supuso que su silencio significaba consentimiento. Unos dos o tres años después consumó el matrimonio con ella. Él tenía cincuenta y dos años y ella nueve. ¿Acaso esta práctica horrible era normal tan solo en los tiempos de Mahoma? Ojalá. La indignante cantidad de esposas niñas en el mundo de hoy, chicas que no pasan de once o doce años, vendidas con fines matrimoniales de Irán a Yemen y de Arabia Saudí a Afganistán, prueba que el problema dista mucho de ser resuelto. La organización humanitaria CARE estima que más de 60 millones de chicas menores de dieciocho años son casadas a la fuerza, muchas con hombres que les doblan la edad. Obviamente, no todas estas esposas niñas son musulmanas, y no estoy insinuando que el islam sea el único responsable en el mundo de los matrimonios con niñas. Claro que hay otras causas detrás, tanto económicas como culturales y sociales. Pero el islam, cuanto menos, permite, autoriza y hasta alienta el matrimonio con niñas, puesto que el mismo Mahoma dio el «mejor de los ejemplos». También se ha reportado el aumento de casos de esposas niñas musulmanas en países occidentales como el Reino Unido y Canadá.

Un caso especialmente trágico es el de la esposa niña yemení Ilham Mahdi Al Assi, quien murió en 2010, tres días después de la boda, después de haber sido atada, violada repetidamente y herida de muerte por su «amante esposo». Otro caso es el de la saudí Hala al Youssef, de diez años, quien, en agosto de 2009, fue devuelta por su padre a su esposo, mucho mayor que ella. La niña había estado escondida en la casa de su tía durante más de una semana, antes de ser descubierta. Inicialmente la que había sido prometida al viejo de ochenta años era su hermana mayor, pero cuando esta decidió seguir estudiando, los padres le ofrecieron a la niña de diez años como esposa sustituta, algo que la Sharia permite.

Si la supuesta Sharia no es la institucionalización de la pederastia, la prostitución y el tráfico de esclavas, ¿qué es?

*

Un tercer defecto del matrimonio es que impone a los seres humanos expectativas irreales. Un ejemplo de esto es que es un contrato perpetuo: sobre ese anillo no hay fecha de vencimiento, no hay salida de ese único techo bajo el cual ambos tienen que vivir, con el resultado de una sensación de asfixia, una opresiva falta de privacidad y aire libre. Obviamente, existe la posibilidad de vivir en casas separadas (en mi segundo matrimonio decidí hacerlo), pero no es una solución económica.

A pesar de la alta y creciente tasa de divorcios en el mundo, el matrimonio aún es considerado como una institución «hasta que la muerte nos separe». Pero ¿no mata esto el entusiasmo? ¿No sería mejor pensar que puede acabar en cualquier momento? ¿No sería más excitante considerarlo como un visado de entrada, en vez de como un permiso de residencia permanente? Después de todo, los turistas valoran y disfrutan un país más que los que viven en él. La preocupación es una forma de arte. Nada induce al aprecio más que el sentimiento de que en cualquier momento podríamos perder a la otra persona: hace que la amemos mucho más.

Según estadísticas recientes, las mujeres empiezan el proceso de separación con más frecuencia que los hombres. Aparentemente los hombres son más reacios a hacerlo. Y creo poder explicar por qué. Según mi modesta opinión, se debe al hecho de que para los hombres casados es más fácil portarse mal que para las mujeres, es decir, es más fácil «salirse con la suya». En casa pueden tener a una buena esposa que se encarga de los hijos, que les proporciona la estabilidad, cuando la necesitan, de una relación sentimental duradera en un marco social convencional; y fuera pueden hacer lo que les da la gana, si quieren. De hecho, la mayoría de las estadísticas indican que en todas partes los hombres son más proclives al adulterio que las mujeres (sin embargo, el número de las adúlteras está en aumento). La razón no es que las mujeres sientan «la tentación» menos que los hombres, o que sean «más resistentes a la atracción sexual», como se les va repitiendo desde la infancia; la cuestión es que a menudo es más fácil para los hombres hacerlo (frecuentemente tienen más libertad de movimiento y es más fácil para ellos inventar coartadas) y, además, que en nuestro mundo patriarcal la sociedad condena menos a un adúltero que a una adúltera –en la mayoría de los casos, a un hombre que tiene una relación amorosa se le excusa, mientras que a una mujer que tiene una relación amorosa se la considera una puta–. El sexo extraconyugal practicado por los hombres es tan solo un desliz perdonable o «una cana al aire»; mientras que el sexo extraconyugal practicado por una mujer es una seria traición. Por no mencionar el peso de la culpa que, en la historia, siempre ha sido mayor para las mujeres que para los hombres.

Así que, en pocas palabras, los hombres siempre se pueden permitir el lujo de hacer todo lo que implicaría dejar a sus mujeres, menos la (molesta) separación real. Algunos de ellos hasta obtienen de sus mujeres «luz verde» para tener una aventura de vez en cuando, con tal de que sean discretos y respeten las sagradas fachadas. Tienen lo mejor de los dos mundos, entonces ¿para qué molestias y dolores de cabeza?

Naturalmente, la posibilidad de tener aventuras no es la razón principal para que las mujeres empiecen el proceso de separación más que los hombres. La razón por la cual las mujeres son más proclives a romper la relación tiene menos que ver con el adulterio que con su reluctancia a conformarse. Para la mayoría de los hombres, las apariencias son cruciales. Y si un matrimonio «mediocre» preserva esas apariencias es suficiente. La mayoría de las mujeres quiere más que esa simple mediocridad. Quiere pasión y complicidad con un compañero. La razón principal de esto es que todavía se considera que los hombres y las mujeres tienen actitudes diferentes antes el matrimonio. Sobre las mujeres, la cultura patriarcal impone una imagen romántica e idealizada del matrimonio. A los hombres, en cambio, se les educa en una cultura que ve el matrimonio como la pérdida de la libertad (algo aburrido). Es obvio que aquel que tiene las mayores expectativas es también quien está más expuesto a la frustración y a la decepción.

Es por esto que defiendo la idea de casarse dos, tres o cuatro veces, conforme nuestras necesidades cambian, aun al precio de deshacerse de una relación consolidada en el tiempo y de alterar las vidas de nuestros hijos. Porque creo que las vidas de nuestros hijos pueden perturbarse más por las amargas peleas y discusiones y por nuestra decepción que por una separación civilizada.

Entre nosotros son demasiados los que confunden un buen compañero con un compañero que tiene la voluntad de seguir adelante. Entre nosotros son demasiados los que piensan que una buena persona mantiene sus promesas, aun cuando estas promesas la hacen infeliz. Una relación buena y satisfactoria requiere más que la deprimente determinación de no irse, por muy mala que sea la situación; merece más que el pretexto «consolador» para la conciencia de quedarse «por el bien de los niños»; requiere más que la cobarde mentira que afirma que todo va bien. Necesita, merece y exige, sobre todo, el deseo profundo de compartir nuestras vidas con alguien. Pero, otra vez, el matrimonio no tiene que ver con esto.

*

Otro defecto del matrimonio es el requisito de la monogamia de por vida. Las reglas religiosas no permiten ni siquiera desear a otro hombre o a otra mujer. Y mucho menos *hacer eso* con él o con ella (otra vez, a la mujer se la considera propiedad del marido, y su adulterio es tratado con más severidad que el del hombre). Sé que aquí me estoy moviendo en un campo minado, pero no espero *a priori* que un hombre me sea fiel. Si un hombre decide no acostarse con otra mujer, prefiero que su decisión sea como el incendio de un bosque, inevitable e inexorable, y no deliberada y racional como la compra de un coche. Quiero que lo haga porque no puede hacer otra cosa, y no por el miedo a «herirme», o porque le da pavor la idea de ser descubierto, y menos aún por obligación moral, por los votos conyugales y las presiones del juego de la culpa.

La fidelidad impuesta por una ética estricta, y no por un impulso natural y espontáneo, produce frustración. La frustración pide gratitud. La gratitud exige ahorrarle algo a alguien. Ahorrar algo a alguien conduce a la hipocresía. La hipocresía produce mentiras. Las mentiras producen decepción. La decepción lleva a la repulsión: un infinito círculo vicioso de comportamientos antinaturales.

Confundir la honradez humana con la monogamia es un cliché simplista. Como si la única cosa capaz de impedir que las personas se porten como fieras fuera la obligación de ser sexualmente fieles a los compañeros. Cómo me gustaría que fuera cierto. En la mayoría de los casos, la monogamia es un dogma provocado por la inexorable carga de la religión, que enseña a la gente a actuar como máquinas, repitiendo movimientos que no deben ser cuestionados. Pero ser humanos significa cuestionarlo todo abiertamente. Ser humanos significa saber quiénes somos y escoger un camino, no por obligación, sino porque lo trazamos nosotros. Ser humanos significa también aceptar las consecuencias de nuestras acciones y de nuestras elecciones, no buscar chivos expiatorios –típico comportamiento, este, influenciado por la religión–.

Demasiado a menudo la monogamia es un título de propiedad, una encarcelación conminada por la sociedad, que puede llevar a la rabia y al desprecio. No es la única manera correcta de entender una relación, y es el momento de que la sociedad encuentre otras formas de relación más aceptables; una de las cuales podría ser el matrimonio abierto sexualmente.

Ya veis, no creo que sea la infidelidad lo que destruye los matrimonios: lo que los destruye es la irracional expectativa de que en el matrimonio se debe limitar el sexo. Lo que realmente amenaza una relación es la intimidad emocional, no el sexo. Mucha gente engaña, pero no porque no ame su compañero, sino porque quiere tener aventuras sexuales con otros. Pueden ser al mismo tiempo emocionalmente monógamos y sexualmente polígamos. A menudo se quedan con sus compañeros de mucho tiempo por los vínculos socioemocionales, pero de vez en cuando tienen antojos de sexo recreativo con otros. Y controlar al compañero para prevenir esto solo lleva a empeorar las cosas: hace que este se quiera ir, porque los seres humanos han dado repetidas pruebas de no ser capaces de controlar los deseos y las necesidades de sus cuerpos.

Aquí no pretendo defender los engaños; defiendo una relación abierta y equitativa, que supere los patrones de los celos y la inquisición, que en el matrimonio pueden provocar daños irreparables. Es por esto que una relación abierta requiere de honestidad y de mutua transparencia –para que el concepto no se transforme en un instrumento de decepción–. Tiene más sentido que mentir y engañar. El segundo punto importante en el cuadro de este concepto es que ambos compañeros tienen que estar de acuerdo.

Muchos hombres quieren sexo adicional para ellos, pero no para sus mujeres. Esto es injusto, egoísta y totalmente inaceptable: tan solo otro molde patriarcal.

*

¿Escandalizados? Tomaos el tiempo para preguntaros por qué. ¿Podría ser porque estáis condicionados para pensar así? ¿Podría ser porque os tomáis libertades que no pensáis conceder? ¿Podría ser porque estáis entrenados para confundir el amor con la propiedad? ¿Podría ser porque tenéis miedo de la competencia? Bien, adivinad qué: en la cama siempre hay fantasmas de otros. Casi nunca una pareja que practica sexo está formada por dos personas solamente.

Una vez publiqué un cuento sobre una mujer que, mientras tenía sexo con el marido, preparaba en su mente la lista de la compra. La historia provocó la rabia de algunos lectores, como si yo hubiera cometido un sacrilegio. Si lo que quieren es una inyección de negaciones, nuestros países son el lugar adecuado. Pero mejor tened cuidado: el riesgo de sobredosis es alto.

¿Cuántas son las mujeres que practican sexo marital como si estuvieran realizando una tarea penosa? ¿A cuántas no les gusta el ritual del sábado por la noche, el de «tres minutos de dentro y fuera»? Algunas hasta me dicen que se sienten aliviadas si sus maridos tienen aventuras: menos presión sexual sobre ellas y más regalos caros de parte de sus maridos infieles. Sí, hasta el adulterio es un mercado financiero. Aunque ¿quién es el más corrupto? ¿El corrompido o el corruptor? Con cierto cinismo diría que ninguno de los dos: es tan solo una cuestión de oferta y demanda.

No digo que en el mundo no existan parejas monógamas. Claro que existen. Y la monogamia es bellísima, cuando es recíproca y genuina: es que no hay nada más liberador que el sentimiento de no querer, no necesitar y no desear a nadie más que a la persona de la cual estamos enamorados, y la certeza de que él o ella no quiere, no necesita, no desea más que a nosotros… Es un sentimiento que conozco, y decir que es embriagador y maravilloso es decir poco. Pero debe ser recíproco e instintivo para que funcione y tenga sentido. ¿Cuántos son monógamos por deber, por miedo, por culpa o por falta de oportunidades; y cuántos lo son por verdadero amor hacia su compañero? Respeto mucho a estos últimos, pero «solo tú» es, muy frecuentemente, una gran mentira. Sé que lo que sugiero no es fácil. Llámenme extremista, pero respeto, acepto y creo tan solo en el tipo de lealtad que dice «te soy fiel porque no puedo evitar serlo». Cualquier otro tipo es un insulto.

*

Claro que enumerar todos los defectos del matrimonio no tendría fin: la rutina, la falta de espacio, las peleas sobre nimiedades, el aburrimiento, etcétera. Todos ellos defectos que ustedes conocen, y sé que no soy la primera en descubrir que se trata de una institución que se está haciendo cada vez más obsoleta. Permítanme terminar sugiriendo una versión menos irrealista e idealizada de los votos matrimoniales:

Vieja versión: Te acepto como mi esposo o esposa legal, para tenerte y poseerte. Te prometo que te seré leal en los buenos y en los malos tiempos. Te amaré cada día de mi vida, de ahora en adelante, hasta que la muerte nos separe.

Nueva versión: Te acepto como mi (temporal) amor. Con gusto te tendré cuando tú y yo lo queramos, pero yo no te «poseeré» y tú no me «poseerás» de ninguna manera. No te prometo nada, pero te aseguro que tendremos más buenos momentos que malos. Te amaré hasta que pueda, ni un solo día más. No será la muerte la que nos separará: es más probable que lo haga otro hombre u otra mujer.

Así que ¿quieres vivir «feliz para siempre» con alguien más, o prefieres vivir conmigo al filo de la navaja?

10. El desastroso invento del envejecimiento

Se atreve a ser un loco, y esto es el primer
paso en el camino de la sabiduría.

James Huneker

El poema

Teoría de la alcachofa

Las hojas están tan duras. Las tocas y las sientes impenetrables, indestructibles. Y no olvides las espinas agresivas. Tú sonríes a la alcachofa, pero ella no te sonríe a ti. Es una criatura tan intimidante. Como si te advirtiera: «Sigue. Soy demasiado dura para ti y no puedes manejarme».

Pero ya deberías saberlo.

Así que empiezas a deshojarla. Día tras día. Año tras año. Una hoja cada vez, un escudo tras otro. Y siempre que piensas que por fin estás cerca de la pulpa, aparecen otras hojas amenazantes. Como si te estuviera diciendo: «No hay nada que hacer. Lo que ves es lo que hay. Sálvate».

Pero ya deberías saberlo.

Así que insistes: y sigues quitando las rígidas capas de miedo, de dolor, de dudas, de decepciones que la alcachofa se ha hecho crecer en el tiempo para protegerse del engaño y de la crueldad. Te duelen los dedos, casi has perdido la paciencia, pero eres demasiado obstinado y demasiado apasionado para rendirte. Porque sabes que es la única manera de merecer lo que te espera.

Y por fin, por fin, la alcachofa se queda desnuda entre tus cansadas e incrédulas manos. Ya no hay espinas, ya no hay hojas puntiagudas: tan solo un suave corazón que pide ser comido. Como si te implorara: «Tómame. Ya no quiero luchar. La fe que me tuviste te ha asegurado mi rendición, y me ha asegurado mi entrega».

Así que te la comes. Comes su maduro corazón. *Tu* maduro corazón. Y dentro de ti el corazón da fruto. Y sientes mucho orgullo porque, a pesar de todas la alcachofas enlatadas que existen en el mundo, ya peladas y listas para ser comidas, tú elegiste el camino más difícil. Y te sientes bien porque, a pesar de que el viaje de la vida ha sido largo y duro, ha valido la pena. Entonces comprendes que la alcachofa es la metáfora de tu madurez; la metáfora de tu existencia…

La metáfora de ti.

La diatriba

¿Y qué?

> La madurez de una persona consiste en volver a encontrar
> la seriedad que tiene un niño cuando juega.
>
> FRIEDRICH NIETZSCHE

Ahora tengo cuarenta años. Eso me dice mi certificado de nacimiento. Esa edad temible con la que a las mujeres se les dice que se están haciendo «viejas»; y a los hombres que son «interesantes». Como pueden ver, hasta con la madurez se usa un lenguaje discriminatorio. Sí, ahora tengo cuarenta años. ¿Y qué? Sí, tengo arrugas alrededor de los ojos. Como pueden ver he sonreído mucho, y me he arrugado mucho. He reído y he llorado. *He vivido.* Pero lo mejor aún está por venir. ¿Mi piel está pagando el precio de mi ambición? Que así sea. Porque aun cuando en este momento esté sola, estoy menos sola que cuando tenía una cara lisa. Ya no codicio los frutos. Los devoro. Con los ojos bien abiertos.

Ahora tengo cuarenta años. ¿Y qué? Sí, tengo canas en mi pelo. Como pueden ver, he presenciado muchas cosas buenas y muchas cosas malas. He luchado. He ganado. He perdido. ¿Mis rizos están pagando el precio de mi locura? Que así sea. No necesito teñirme el pelo para verme más joven. De esto se ocupará el fuego de la pasión que llevo dentro. Y su rojo no se pondrá blanco.

173

Ahora tengo cuarenta años. ¿Y qué? Sí, antes de saltar me fijo bien. Pero salto. Aun cuando no hay nadie que me sostenga. Sé que me sostendré sola. Siempre lo hago. ¿Que me rompo un hueso o dos? Que así sea. ¿Que rompo mi corazón o el de alguien más? Que así sea. Los caminos equivocados son el auténtico sendero hacia el descubrimiento. No quiero dejar de viajar hacia lo desconocido. Nunca. Y mis rodillas magulladas son más fuertes de lo que parecen.

Ahora tengo cuarenta años. ¿Y qué? Sí, confío mucho menos en los demás. Pero aún confío. Inclusive cuando me da pavor hacerlo. Porque he aprendido que el verdadero derrotado en la vida es el mentiroso, no el engañado. ¿Que de vez en cuando me llevo una cachetada? ¿Que en ocasiones me apuñalan por la espalda? Que así sea. Estoy orgullosa de mis heridas abiertas. Y cuanto más sangran, más sedienta me siento.

Ahora tengo cuarenta años. ¿Y qué? Sí, ya no creo en muchas cosas. Pero creo: creo en la libertad. En el amor. En la amistad. En el misterio. En el deseo. En la sorpresa. En las palabras. En el silencio. En la dignidad. En dar, que es más gratificante que recibir. Y sobre todo: creo en Joumana. ¿Que a veces me mienten? Que así sea. Lo cruel mentirse a uno mismo, no a los otros. Y lleva consigo el castigo.

Ahora tengo cuarenta años. ¿Y qué? Dentro de mí hay una niña de doce años que sigue jugando y riendo. No le importan nada las arrugas. Las canas. Romperse los huesos o herirse el corazón. No le importan la decepción, el miedo, las cachetadas, las puñaladas ni las cicatrices.

Es tan ligera y desenfadada como un poema aún por escribir… Y no piensa envejecer pronto.

La narración

Todos podemos ser Peter Pan

> Existir es cambiar, cambiar es madurar,
> madurar es seguir creándonos sin fin.
>
> HENRY BERGSON

Como a muchos niños cuando están creciendo, a mi hijo Ounsi le encantaba dibujar. Me hizo unas bellísimas acuarelas, que siempre llevo conmigo: en la maleta, debajo de la almohada, entre las páginas de mis libros y en mi estuche de viaje. Pegaba sus coloridas obras abstractas en el espejo del baño, en el refrigerador, las colgaba en mi dormitorio y hasta en mi oficina, justo al lado de lienzos de grandes pintores libaneses –típicas cosas de mamás–. Sin embargo, cuando llegó al sexto grado, a Ounsi dejó de gustarle la pintura. Las hojas que me daba eran cada vez menos. Por no decir que pasó todo el primer trimestre quejándose de su «vieja» maestra de arte: «Nuestra vieja maestra esto; nuestra vieja maestra lo otro. Es que no me comprende», repetía suspirando. Yo estaba absolutamente convencida de que era una especie de genio posmoderno, el futuro Andy Warhol libanés, desairado por una anciana profesora tradicionalista incapaz de entender las nuevas formas y expresiones del arte.

Cuando las quejas fueron demasiadas, decidí citarme con la señora para desempolvar su extinguida visión del arte. Esa misma mañana, mientras estaba dando el beso de despedida a Ounsi antes de que entrara en la clase, se me ocurrió preguntarle: «¿Cuántos años tiene exactamente tu vieja maestra?». Y su respuesta me llegó como una patada en el estomago. Después de un largo silbido, que quería significar que ella pertenecía más a la era jurásica que al siglo XXI, dijo: «Oh, es muy vieja. Debe de tener cuarenta años». Yo los había cumplido la semana anterior.

*

Así, de repente, se me ocurrió algo: para mis hijos cuarenta significa que yo debería estar tejiendo junto a la chimenea, mientras que para mí significa ponerme medias de red y una bonita falda. Para ellos significa que pronto para moverme necesitaré un bastón, mientras que para mí significa bailar con mis amigos hasta la madrugada. Para ellos significa «se acabó», mientras que para mí significa «acaba de empezar».

Creo que afirmo algo obvio cuando digo que la obsesión con la juventud es un invento patriarcal, como lo son la obsesión por los tratamientos de belleza y la cirugía plástica, que derivan de la primera. Con las fotografías retocadas de mujeres imposibles en las revistas, con un mundo industrializado que confiere demasiada importancia a la apariencia (sobre todo a la belleza femenina) y con el culto a las celebridades, a los «ricos y famosos» que pueden darse el lujo de comprar su juventud; se nos obliga a ser jóvenes y bellos, porque los medios de comunicación (patriarcales) nos hacen creer que solo la juventud y la belleza cuentan. Los medios de comunicación (patriarcales) nos hacen creer que solo los jóvenes y bellos gozan de una brillante vida social y tienen montones de amigos. Los medios de comunicación (patriarcales) nos hacen creer que tan solo los jóvenes y bellos son exitosos, felices y deseables. Por esta razón muchas mujeres mienten sobre su edad y lloran el día de su cumpleaños, en lugar de envejecer con tranquilidad y elegancia. Por esta razón muchas mujeres invierten grandes cantidades de dinero para detener el envejecimiento (cremas, inyecciones, cirugías, etcétera), en lugar de sentirse orgullosas de sus patas de gallo y de dejar que su pelo se torne plateado.

Por el solo hecho de envejecer, todos estamos expuestos a la frustración. Todos estamos expuestos a sentir que el tiempo se nos está acabando. Todos nos sentimos amenazados por el tictac del reloj. ¿Cómo podría ser de otra manera, si la juventud representa infinitas posibilidades, mientras que el precio de la madurez es una larga lista de preocupaciones y responsabilidades? Pero ¿es una buena razón para ahogarnos en un mar de irritación y fantasías de adolescentes? ¿Es una buena razón para escondernos tras frases superficiales, tales como «los cincuenta son los nuevos cuarenta, treinta, veinte, etcétera? ¿Es una buena razón para someterse a un sinnúmero de estiramientos faciales, aumentos del volumen labial, implantes de pómulos y otras cirugías que nos hacen perder nuestro aspecto natural?

Fíjense en Líbano, por ejemplo: muchas mujeres jóvenes, bellas y sanas, que no tienen necesidad de cirugía estética, recurren cada vez más a ella. Muchas llegan a alterar su estructura facial para parecerse a alguna persona famosa: es por esto que en las calles y en los bares de Beirut puedes ver a muchas mujeres que parecen clones caricaturescos de una famosa cantante, y de ellas mismas. Muchas veces la cirugíaa estética no consiste únicamente en restaurar la belleza y la juventud, sino en falsificarse, y esta es una enfermedad que está fuera de control, como una epidemia, es una infección psicológica que hace que muchas mujeres crean que, para llamar la atención de los hombres, es necesario que un médico les rompa los huesos y las corte en pedazos con un cuchillo. Miren bajo el sofisticado capó. Yo lo he hecho, y no es bonito.

*

Y todo esto se hace por miedo, por el miedo a ser inadecuadas e imperfectas, un miedo que se alimenta de la inseguridad de las mujeres de todo el mundo; mujeres que luchan por quedarse congeladas en una perpetua adolescencia y confunden la búsqueda de la juventud con la búsqueda de la inmadurez, en nombre de un sistema patriarcal que trata a las mujeres como objetos y socava su talento, reduciéndolas a cuerpos bonitos y a rostros sin arrugas.

Este último punto me recuerda un cartel que acabo de ver en los escaparates de una conocida cadena de librerías, que muestra a una mujer desnuda con las palabras «el placer de la cultura» escritas sobre su cuerpo expuesto. ¿De qué placer habla aquí la gente que ha tenido esta idea? Del placer que da una mujer desnuda. ¿Esto es todo lo que somos las mujeres? ¿Una infinita metáfora de la seducción de la manzana? ¿No estamos cansadas de esto, tanto en Occidente como en Oriente? Si quisiera ser cínica, diría que no tengo nada en contra de esta idea, salvo que no me satisface, porque soy una heterosexual común y corriente, a la que le gustan los hombres y que no se calienta si ve un par de tetas... Así que ¿cuándo se darán cuenta los machos del negocio de la publicidad de nuestra existencia? ¿Cuándo dejarán de explotar nuestros culos para vender coches, muebles, taladros y pesticidas? Y si quieren seguir usando la excitación provocada por los cuerpos para promover sus productos, que empiecen a enseñarnos unos culos masculinos. ¿Acaso creen que las mujeres están más allá de estos «instintos básicos»? Bien, entonces deberían reconocer que somos superiores, ¿no?

Es culpa de este sistema patriarcal que la autoconfianza se construya sobre las apariencias más que sobre la inteligencia y el talento, y que la solicona y el *botox* se hayan convertido en los remedios milagrosos contra la infelicidad y la depresión. Estos valores patriarcales tienen la culpa de que vivir se haya convertido en sinónimo de actuar. Parece que olvidamos que solo cuando la percepción de tener un público se desvanece empezamos a vivir de verdad.

*

La contradicción y la injusticia, ante todo, trazan el camino unidireccional sobre el cual se mueve esta obsesión: porque cuando se trata de sentimientos y de seducción, a la mayoría de las mujeres no les importa el aspecto ni la edad de los hombres. Para ellas lo sexy se encuentra en el cerebro del hombre y en cómo las tratan, no en su aspecto. Pero ¿cuántos hombres pueden decir lo mismo de las mujeres hacia las cuales se sienten atraídos? ¿Cuántos prefieren la mente a las tetas, y la personalidad al culo? ¿Cuándo sus mujeres dejarán de ser trofeos para convertirse en compañeras? ¿Y cuándo los hombres entenderán que, aun cuando se parezcan a Brad Pitt, si se portan como gilipollas y no usan el cerebro nunca podrán conquistar a una mujer auténtica e inteligente? Y que, si son inteligentes, seguros de ellos mismos, generosos y divertidos, pueden seducir a la mujer más bella y brillante de la tierra, aun cuando tengan el aspecto de un panda.

«He aceptado que el miedo al cambio es parte de la vida. Y he ido hacia delante, a pesar del martilleo del corazón que me decía: date la vuelta» (Erica Jong). Obviamente yo también le tengo miedo al cambio. Pero, al mismo tiempo, lo que me apasiona es ir hacia delante, no darme la vuelta; amo más el futuro que el pasado. Por eso prefiero *sentirme* joven a parecer joven: lo primero no es necesariamente efecto de lo último. Todos podemos ser Peter Pan *dentro de nosotros*. Para este tipo de transformación no hace falta el bisturí.

*

Hay muchos inventos desastrosos en este mundo. ¡Si tan solo fueran los que este libro enumera! Son tantos que a veces me pregunto: «¿Me sobran o me faltan los recursos necesarios para vivir?». Creo que me faltan. Una cosa es segura: somos un claro desfase. A

179

veces, si miro a mi alrededor, tengo ganas de buscar la nave espacial que me dejó aquí hace cuarenta y un años.

Otra certeza que tengo es que los seres humanos somos como obras en construcción. Todos. Pero no tenemos que decidir entre ser un rascacielos o una casa en la orilla del mar. Un casino o un parque infantil. Un club de nudistas o un refugio para indigentes. Una estación del ferrocarril o un museo. Un orfanato o un puente. Una central nuclear o una fábrica de juguetes. Una librería o una *boutique* de ropa interior… Al menos, quisiera no tener que decidir. Y hasta que entienda cómo ser todas esas cosas al mismo tiempo, seguiré luchando. Porque, a pesar de lo que os puedan haber dicho, las cosas buenas *no* llegan a los que se limitan a esperarlas. Las cosas buenas llegan a los que se ponen de pie y las agarran.

Las bellas voces dentro de mí

Pero tengo promesas que cumplir,
grandes distancias que recorrer antes de dormir,
grandes distancias que recorrer antes de dormir.

ROBERT FROST

In principio erat verbum: en el principio había *una* palabra. Una palabra en un poema. Una palabra dentro de un poema en un aula de una terrible ciudad llamada Beirut. El poema era del surrealista francés Paul Éluard, y al oírlo por primera vez la niña sentada en el extremo izquierdo de la primera fila, junto a la vidriera protegida por sacos de arena –para resguardar a los estudiantes de francotiradores y esquirlas–, pensaba que un día, de pronto, un terremoto sacudiría el país.

Sobre mis cuadernos de clase
sobre mi pupitre y sobre los árboles
sobre la arena y la nieve
escribo tu nombre

La voz de la maestra era dulce, como de costumbre, pero de pronto resonó como un trueno. La niña miró a su alrededor: ninguna parte del techo se había desprendido, las sillas y los pupitres estaban en su sitio, los libros seguían en perfecto orden en las estanterías y sus compañeras de clase parecían tranquilas, atentas. No hubo terremoto. Al menos no en el exterior.

Sobre el cristal de las sorpresas
sobre labios que aguardan
por encima del silencio
escribo tu nombre

Difícilmente podía percatarse de que su corazón latía en su pecho
como un perro rabioso, y de que la sangre subía a sus mejillas son-
rojadas: nada importaba; nada existía fuera del mágico torrente de
luz y esperanza que emanaba desde la laringe de la maestra Norma
hacia la vida de la niña.

Sobre mis refugios destruidos
sobre mis faros abatidos
sobre los muros de mi hastío
escribo tu nombre

Eso era lo que ella quería, y más de *eso*, una infinita cantidad de
eso; recibir *eso*, y darlo también. Al menos intentarlo.

Por el poder de la palabra
rehago mi vida

¿Quién ha dicho que el proceso de fecundación no puede determi-
narse con exactitud, hasta el instante más preciso? En ese mismo
instante la niña supo que sería escritora.

*

Más de uno se sorprenderá, pero la verdad es que hay muchas personas, hombres y mujeres, en Líbano y en otros países árabes, que
piensan como yo. Sienten como yo. Se enfurecen como yo. O quizá
sea al revés: yo pienso, siento y me encolerizo como *ellas*. Algunas
logran expresarlo por medio de la escritura, a través de distintas

manifestaciones artísticas o practicando activismo social. Pero no todas tienen la misma suerte. Estas últimas son mi punto de apoyo: su respuesta a mis escritos son cuentos de hadas. Son estas quienes todos los días me dan fuerzas para salir de la cama, sentarme ante el escritorio, frente a la aterradora pantalla blanca, y empezar a sangrar. Siento una enorme gratitud hacia todos estos hombres y mujeres anónimos. Escucho en mi corazón el eco de sus bellas voces, secuestradas, que me inspiran e impulsan más allá de mis límites, día a día, palabra tras palabra. Vosotros también merecéis escucharlas. Por lo que he tomado la decisión, con vuestro permiso, de compartir algunas con vosotros. Mi intención es mostrar a diversas personas árabes reunidas en torno a las mismas ideas, y subrayar el hecho de que yo no soy ni «una voz que clama en el desierto», ni una rara excepción. Lo que pasa es que mi «micrófono» funciona y el suyo se ha roto. Pero un día lo repararán. Y, ay, cómo rugirán cuando ese día por fin llegue.

*

HEBA K. – AMA DE CASA – PALESTINA

Me casaron a mis dieciséis años, sin pedir mi opinión, con un hombre veintiún años mayor que yo. Durante la primera semana de matrimonio comenzó a golpearme. Tras dar a luz a tres hijas y con una infinidad de moretones en mi cuerpo, decidí escapar. Gracias a la ayuda de un amigo generoso, ahora vivo en Berlín e intento, a mis treinta y tres años, suturar las heridas de mi alma. Lo único que añoro…, la única cosa que me duele es haber tenido que dejar a mis tres hijas. No sé si algún día podrán comprenderme, o perdonarme, pero me tenía que marchar. Mi dignidad no podía resistir más. O irme o suicidarme, de eso se trataba. Y escogí la vida. Espero algún día tener la fuerza y la influencia suficientes para salvarlas a ellas también. Las mujeres tenemos que luchar por nosotras y decir no a la violencia, antes de que sea demasiado tarde.

Fareed S. – médico – egipcio

Pienso que debemos preguntarnos qué sucede a nuestro alrededor y decidir por nuestra cuenta, en lugar de ser considerados como una grey sin cerebro. Me ofende que en el mundo árabe las mujeres sean tratadas con tanto desdén. A los veintitrés años, mi hija decidió ponerse el velo, a pesar de que le rogué, hasta le imploré, que no lo hiciera. ¿Qué puede hacer un padre ante tal situación? La eduqué para que fuera una librepensadora laica, pero la sociedad y sus amigos han sido más fuertes que yo. Me siento impotente, pero no perderé la esperanza. Estoy seguro de que algún día entrará en razón y que luchará por el respeto a sí misma.

Wafaa B. – enfermera – iraquí

Desde mi infancia me decían constantemente que no servía para nada. Al final me convencí de que tenían razón. Hasta que un día vi por la televisión un documental sobre las mujeres tamil. En particular sobre Murugesapillai Koneswari, una tamil, madre de cuatro hijos, que desafió a las autoridades protestando abiertamente contra los policías que habían robado sus pertenencias, y lo hizo a pesar del miedo a las represalias. Pensé: «Tengo que empezar a defenderme y a confiar en mi potencial». Entonces empecé a frecuentar en secreto una escuela para enfermeras, y luego encontré trabajo en un hospital de Basora. Ahora que llevo dinero a casa nadie se atreve a interponerse en mi camino. Hasta mi hermano mayor, que antes me trataba mal, se ha vuelto más manso, hasta me pide dinero para alcohol y cigarrillos. Es una pequeña victoria, pero es *mi* victoria, y me llena de orgullo.

Samir H. – hombre de negocios – libanés

Nací suní, y siempre había sentido que la gente que me rodeaba era tolerante y respetuosa. En estos días no siento lo mismo. Me siento amenazado. Barbas largas por doquier. El número de mujeres con velo crece de manera exponencial. Los viernes las mezquitas se llenan. Cada semana, viejos amigos me llaman por teléfono para que me una a sus grupos *tariqua*, o a sus jeques carismáticos, o a porquerías de ese estilo. Son los mismos amigos que, hasta hace poco, me llamaban para beber, cenar o hacer fiestas. Algunos, en ese momento de sus vidas, eran hasta más liberales que yo. Esto me duele. No me importa mucho lo que hacen, pero es algo que da miedo. Y es porque no soporto la injusticia, de ningún tipo, de ninguna forma y bajo ningún disfraz. Especialmente cuando quien legaliza esta injusticia es el gran jefe: Alá. Es que no puedo soportarlo y no entiendo cómo la gente sigue aceptando todo esto. También tengo que decir que yo no hago nada para cambiarlo; hace ya tiempo que me resigné. Sigue viva mi rabia por tanta injusticia, pero la guardo dentro de mí.

Amira G. – ESTUDIANTE UNIVERSITARIA – ARGELINA
Tengo apenas veintiún años, soy una estudiante que vive todavía en un ambiente muy tradicionalista y rígido, pero espero liberarme algún día. Dentro de mí hay muchas palabras que quisiera decir, pero no las digo. Aún no. Mi camino es largo, pero confío en mis pies, y sé que me llevarán a cualquier parte adonde yo deba ir.

Tahar M. – FARMACÉUTICO – MARROQUÍ
En estos tiempos difíciles en los cuales en el mundo árabe crecen sin cesar el fascismo religioso y las costumbres patriarcales, creo que lo que estamos perdiendo es el poder de las mujeres, un poder que nos podría salvar del abismo: mujeres valientes, mujeres rebeldes capaces de denunciar la hipocresía de nuestras sociedades, aun con el riesgo de ser agredidas, intimidadas y odiadas. Soy un feminista. Pero, en fin, ¿puedo serlo, siendo un hombre?

Amal B. –SECRETARIA – TUNECINA
Estoy harta y cansada de toda la misoginia que me rodea e intenta matar mi espíritu, día tras día. Dios es un espejismo que tiene

que ver con nuestro instintivo miedo a la muerte. Nuestro mayor error es haberlo inventado para curar ese miedo y salvarnos de la muerte con la ilusión de una vida «más allá». Pero la fantasía se ha hecho más grande que nosotros y se ha vuelto en contra nuestra. La solución es disparar a la serpiente. Matarla. No hacerlo es perder el tiempo. Yo soy demasiado débil e impotente para apretar fuerte el gatillo.

Hussein T. – abogado – sirio

Lucho con todas mis fuerzas por la libertad de pensamiento; por ende, estoy en contra de toda forma de lavado del cerebro, ya sea por religión, nacionalismo o culto a la personalidad. La religión aboga por la diferenciación entre humanos: pone a los creyentes en contra de los no creyentes, una raza en contra de la otra, a los varones contra las mujeres, etcétera. Esto tiene que parar. Parar ya.

Majed F. – ingeniero informático – yemení

A pesar de ser hombre, y fiel creyente, debo agregar que me niego a ser machista. Vengo de un país en el cual hombres y mujeres viven rígidamente segregados. Se me educó bajo la idea del desprecio generalizado hacia la mujer, exceptuando a mi madre, obviamente. Durante mis años de adolescente nunca me di cuenta de cuán absurda e inhumana es esta educación: teníamos que sacralizar a nuestras madres y tratarlas como si fueran santas, y al mismo tiempo despreciar al resto de mujeres, ¡incluidas las madres de nuestros propios hijos! Sin embargo, después de cumplidos los treinta me di cuenta de esa injusticia, y ahora estoy tratando de hacer algo a este respecto, dentro de los límites de mi casa y de mi pequeña familia. Pero no puedo llevar mis ideas fuera de esos límites: si me atreviera a hablar de eso con mis amigos, si me atreviera a decirles que creo que las mujeres son iguales que los hombres, se reirían de mí y dirían que soy un cobarde.

EMAN S. – MAESTRA – SAUDÍ

No necesito explicarte qué significa ser una mujer saudí: creo que ya lo sabes. Recuerdo la primera vez que leí un libro tuyo: me sonrojé, a pesar de estar sola en mi cuarto. Me sentí como si estuviera haciendo algo impensable, como si me estuviera masturbando en el Monte Arafat bajo la carpa del mes de Dhu al-Hijjah, con todos los peregrinos mirándome. Y cuando escuché unos pesados pasos en la escalera, cerré el libro y di un brinco para exonerarme de lo que entonces pensé que era una culpa. No creo haberte entendido entonces, pero ahora sí. Quiero ser más valiente. Pero ser más valiente, aquí, es un lujo que no me puedo permitir.

BUTHAYANA L. – QUÍMICA – KUWAITÍ

Estudiar el Corán a una tierna edad ha significado esposar mi libertad de expresión. Tuve que aprender inglés para pronunciar «sexo» sin bajar la mirada. Para dar voz a mis necesidades y no solo oír las que los hombres me imponían. Espero poder, algún día, armarme de valor para cerrar todos los textos sagrados y celebrar mis sentimientos y mis ideas con palabras que tanto mi alma como mi cuerpo conocen bien, pero que están demasiado usurpadas por Dios y no logro expresarlas.

NADA K. – VENDEDORA – LIBANESA

Cuando era niña, me acosaba un tipo que solía ir a misa los domingos. Ahora soy madre de dos chicas y estoy unida en matrimonio con un hombre que lleva una cruz en el cuello y que me viola repetidamente, pero al que no puedo demandar y del que no puedo divorciarme porque la ley libanesa no admite algo como la «violación por parte del marido». ¿Quieres saber qué es lo que deseo? Que mis chicas nunca sean tan estúpidas como para casarse como hice yo. Quisiera que fueran más grandes que un vestido blanco, un diamante y la mítica bendición del sagrado matrimonio. Quisiera que pudieran amar sin temor y sin cadenas. Quisiera poder hablarlo con ellas sin sentir que las saboteo. Poco a poco, cada vez más, encuentro mi lengua. Aún está paralizada, ahogada por mil capas de miedo. Pero la encontraré, algún día, de alguna forma.

*

En el principio había una palabra; una palabra que salvó a una niña de la asfixia; una palabra que la salvó entera; la misma palabra que le enseñó a soñar y a gritar, en su corazón y en el papel; la misma palabra que ahora está tatuada en caracteres árabes sobre el brazo derecho de la mujer en que se ha convertido; la misma palabra que la ayuda a levantarse cada vez que tropieza y cae de rodillas; la misma palabra que estará esperando justo al final del viaje, luminosa como algo que jamás se termina de descubrir. Porque como Éluard, y como mucha otra gente en el mundo árabe y sobre la faz de la tierra, esa niña es un ser humano que había

nacido para conocerte
y para nombrarte:
Libertad

Carta a mis hijos

Quédate siempre con hambre y con cierta insensatez.

STEVE JOBS

Amados míos:

¿Hace falta deciros que ser vuestra madre ha sido la aventura más enriquecedora de estos últimos veinte años? Aún lo es, y espero que lo siga siendo durante muchos años más.

En mis momentos de incertidumbre, fracaso, decepciones y soledad me habéis dado amor incondicional, confianza, consuelo y fuerza. Habéis estado conmigo, sabiéndolo o no, cuando ni siquiera yo era capaz de estar conmigo misma. Fuisteis una luz de esperanza cuando atravesé sola cada oscuro túnel y un salvavidas cuando me sentí fatalmente atraída hacia el fondo. Sin embargo, debo haceros una confesión:

Hay una serie de cosas que jamás mencioné durante todo este tiempo: cosas que pensé que sabríais intuitivamente... Cosas que eventualmente tendríais que descubrir por vosotros mismos. Cosas que asumí que podría evitar nombrar. Cosas con las que decidí no sermonearos, sino *enseñároslas* con el ejemplo.

Sin embargo, ahora pienso de otra manera. He llegado a la conclusión de que hay cosas que deben ser expresadas directamente y con claridad, aun corriendo el riesgo de que mis palabras suenen como un sermón tormentoso o como una peligrosa generalización.

El hecho de que cada día os estéis acercando más a la edad adulta (y de que estáis a punto de descubrir el complicado caos de las relaciones) y mi deseo de que adquiráis el compromiso de convertiros en hombres verdaderos me parecen razones suficientemente válidas para deciros algunas de estas cosas. Este libro es la ocasión perfecta para hacerlo. Estas son:

Nosotras, las mujeres (la mayoría de las mujeres), estamos cansadas de vosotros, los hombres (de la mayoría de los hombres), que nos veis exclusivamente como madres, hijas, hermanas, amantes, esposas, propiedades, accesorios, sirvientas, juguetes... Estamos cansadas de no creer en nosotras mismas. Estamos cansadas de que no creáis en nosotras. Estamos cansadas de que no nos valoréis lo suficiente, o de que creáis que somos demasiado para vosotros. Estamos cansadas de que nos consideréis unas locas por el compromiso, mientras que suponéis que vosotros le tenéis fobia. Estamos cansadas de sentirnos culpables por estar en el trabajo en vez de estar en casa horneando galletas. Estamos cansadas de que creáis que existimos solo para la procreación y no para realizar nuestros sueños y proyectos de vida tal como hacéis vosotros.

Estamos cansadas de elegir al gilipollas en vez de al bueno, al bruto en vez de al refinado y al rico y poderoso en vez de al ambicioso y trabajador. Estamos cansadas de que vosotros prefiráis a las putas en vez de a las honestas, a las falsas en vez de a las auténticas y a la joven y bella en vez de a la fiel y enamorada (sin desconocer que podemos ser todas estas a la vez). Estamos cansadas de tener que elegir entre manipularos o resignarnos. Estamos cansadas de vuestra incapacidad de seguir nuestro impulso.

Estamos cansadas de tenderos la mano como muestra de pacto, en vez de ser una prueba de intimidad y compromiso. Estamos cansadas de vuestra necesidad de vernos cubiertas con un manto negro o de exhibirnos como baratijas sexuales para reforzar vuestra hombría. Estamos cansadas de esperar a ser descubiertas en vez de ser nosotras quienes salgamos a descubriros. Estamos cansadas de veros ocultar vuestra necesidad de nosotras como si fuese una muestra de debilidad. Estamos cansadas de utilizar el método del silencio con vosotros. Estamos cansadas de que utilicéis el método del desdén con nosotras. Estamos cansadas de no tomar la iniciativa en el sexo por miedo a ser vistas como mandonas o etiquetadas como agresivas. Estamos cansadas de que seáis vosotros quienes decidís qué es «femenino» y qué no lo es. Estamos cansadas de preocuparnos por la grasa de nuestro vientre, de la profundidad de nuestro escote y del maquillaje de nuestro rostro. Estamos cansadas de que os centréis en la grasa de nuestro vientre, la profundidad de nuestro escote y el maquillaje de nuestro rostro. Estamos cansadas de ser etiquetadas de románticas y vosotros de realistas. Estamos cansadas de que corráis en busca de aventuras de una noche como un detenido correría hacia una alambrada que no sabe que está electrificada. Estamos cansadas de imaginar que estáis siempre preparados para el sexo. Estamos cansadas de que evitéis conversaciones reales y francas. Estamos cansadas de suponer que os «conseguimos». Estamos cansadas de que supongáis que no podréis comprendernos nunca. Estamos cansadas de confundir vuestra caballerosidad con falta de carácter. Estamos cansadas de que diferenciéis entre sexo y amor. Estamos cansadas de que tenerros por trofeos de guerra. Estamos cansadas de que nos subestiméis.

Estamos cansadas de fingir orgasmos para tranquilizaros, de mantener una actitud discreta para apoyaros, de contaros mentiras para animaros. Estamos cansadas de que os sintáis intimidados por nuestra fuerza, amenazados por nuestros éxitos, irritados por nuestra libertad, desafiados por nuestra independencia y castrados por nuestro orgullo de ser mujeres. Estamos cansadas de pediros lo que se nos debe. Estamos cansadas de que no nos aceptéis como socias igualitarias.

Estamos cansadas de que penséis que todas estamos hechas de hielo. Estamos cansadas de que penséis que todas somos unas dramáticas. Estamos cansadas de sospechar de vosotros, de obedeceros, o de combatir contra vosotros.

Estamos cansadas de que nos denigréis, a nosotras y a nuestros derechos humanos básicos, en nombre de Alá, las tradiciones, la supremacía física, los dictados sociales y la lógica de «quién trae el pan a casa».

Estamos cansadas de tener que demostraros que somos fuertes. Estamos cansadas de que tengáis que demostrarnos que vosotros sois más fuertes. Estamos cansadas de jugar a este juego infantil de «atraparos». Estamos cansadas de que estéis obsesionados con que se os considere unos pichas flojas si mostráis vuestro lado vulnerable. Estamos cansadas de no poder dejar aflorar nuestro verdadero ser frente a vosotros. Estamos cansadas de que no os acerquéis a nosotras y al mundo con una actitud no controladora y no dominante.

Estamos cansadas de albergar expectativas imposibles e injustas sobre vosotros. Estamos cansadas de que tengáis una distribución sanguínea desequilibrada entre la parte superior e inferior del cuerpo. Estamos cansadas de que culpéis de todo a nuestro síndrome premenstrual. Estamos cansadas de que creáis que cualquier cosa –incluyendo el hambre en el mundo– pueda resolverse con una pastilla de Viagra.

Estamos cansadas de ser prisioneras de un feminismo alienante. Estamos cansadas de que seáis prisioneros de un machismo alienante. Sí, estamos indiscutible y totalmente cansadas.

Y ahora decidme: ¿vosotros no?

Felices para siempre…

Érase una vez una niña que odiaba a Superman. Sabía que solo si *ella* era capaz de resistirse a ser una Sherezade conciliadora y/o una superficial Lois Lane, y que solo si *él* era capaz de quitarse la máscara y convertirse de una vez por todas en un auténtico Clark Kent, entonces podrían vivir «felices para siempre», lo que significa «de manera interesante».

Así que, para convencerlo a él y a sí misma, usó el único superpoder que tenía:

Las palabras.

FIN

Lecturas ulteriores

Lecturas recomendadas (y más «serias») sobre los mismos inventos:

ANDERSON, Eric, *The Monogamy Gap: Men, Love, and the Reality of Cheating*, Oxford University Press, Nueva York, 2012.

BARRY, Kathleen Lois, *Unmaking War, Remaking Men: How Empathy Can Reshape Our Politics, Our Soldiers and Ourselves*, Phoenix Rising Press, Santa Rosa, 2011.

DERMODY, Simon, *The Lost Patriarch: Towards a New Mythology of Manhood*, AuthorHouse, Bloomington, 2007.

FOURIER, Charles, *The Hierarchies of Cuckoldry and Bankruptcy*, Wakefield Press, Cambridge, Mass., 2011.

GILMORE, David D., *Manhood in the Making: Cultural Concepts of Masculinity*, Yale University Press, New Haven, 2003.

GRAFF, E.J., *What Is Marriage For?*, Beacon, Boston, 1999.

HITCHENS, Christopher, *God is Not Great: How Religion Poisons Everything*, Warner Twelve, Nueva York, 2007.

HVISTENDAHL, Mara, *Unnatural Selection: Choosing Boys over Girls, and the Consequences of a World Full of Men*, PublicAffairs, Nueva York, 2011.

KIPNIS, Laura, *Against Love: A Polemic*, Pantheon, Nueva York, 2003.

LAURITZEN, Bill, *The Invention of God: The Natural Origins of Mythology and Religion*, StreetWrite, 2011.

LERNER, Gerda, *The Creation of Patriarchy*, Oxford University Press, Nueva York, 1986.

SQUIRE, Susan, *I Don't: A Contrarian History of Marriage*, Blooms-
bury, Nueva York, 2008.

WURTZEL, Elizabeth, *Bitch: In Praise of Difficult Women*, Double-
day, Nueva York, 1998.

Agradecimientos

Este libro es un verdadero ciudadano del mundo. Ha sido escrito durante mis viajes, entre Roma, Berlín, Marsella, Cartagena, Milán, Bruselas, Madrid, Nápoles, Génova, Miami, Toronto, Copenhague, Tolosa, París, Londres, Malmö, Ann Arbor, Oslo, Segovia, Argel, Nueva York, Washington, Boston, Olinda, Río de Janeiro, Estocolmo, Amsterdam, La Haya, Providence, Narvik y Beirut. Así que quiero dar las gracias en primer lugar a los aeropuertos y a los hoteles de las ciudades que menciono arriba, por tolerar: lo primero, mis frenéticas búsquedas de un lugar para recargar las baterías de mi portatil; lo segundo, mis continuas quejas por los ruidos que perturbaban el flujo de mis pensamientos. Un gracias especial a Hosein, el taxista iraní cuyas sencillas palabras sobre la secularización, los derechos de las mujeres y la virilidad me dieron, una mañana de invierno, más inspiración que muchos libros de expertos sobre los mismos temas. Le prometí a Hosein que se encontraría en mi siguiente libro. Promesa cumplida.

Luego, ofrezco la más sincera gratitud a los fantásticos amigos que se tomaron el tiempo para leer mis tonterías y me ofrecieron consejos valiosos y observaciones agudas sobre la mejor manera de hacer con ellas un libro. Ellos son (en orden alfabético): Hathem Badih, Silio Boccanera, Tod Brilliant, Peter Carlsson, David Demarest, Hala Habib, Shona Jolly, Michael Moore, Salvatore Pitruzzello, Mona Rahhal, Tony Saade, Zeina Nader Salwan, Jan Henrik Swahn y Abir Ward.

Doy las gracias también a todos los hombres que he conocido en mi vida. A todos ellos, naturalmente: al bueno, al feo y al malo.

Cada uno a su manera, me han hecho crecer: tanto con los abrazos que me han dado como con las cicatrices que me han dejado; tanto con las risas que me han arrancado como con las angustias que me han causado; tanto con los altercados que han provocado como con la soledad en la que me han hundido. Huelga decir que dar sus nombres no le haría bien a nadie. Pero quiero que sepan que sin ellos no hubiera podido alcanzar mi meta.

Además, quiero darles las gracias a los dos hombres especiales a cuyo lado he crecido: mi padre, Atallah, y mi hermano, Chadi. Cada uno a su manera han reforzado mi fe en la capacidad de evolución que tiene la masculinidad.

Un agradecimiento especial se lo debo a mis gentiles y fieles lectores de todo el mundo: por las cartas y los correos electrónicos que me envían, por los abrazos que me mandan y, sobre todo, por la magnífica confianza con la cual me honran. No sé dónde estaría ahora sin sus constantes apoyos y estímulos.

Por último, quiero decir gracias a mis seres queridos, por haber tolerado mis cambios de humor y mi escandalosa indiferencia a sus necesidades en los momentos en que estaba escribiendo. Sé que cuando estoy en «modo creación» me convierto en una bruja egoísta. Así que esta es la ocasión perfecta para disculparme con:

— Mi hijo mayor, Mounir, por asentir con la cabeza antes de escuchar lo que quería decir. Espero no haberlo hecho el día en que me dijo: «Mamá, ¿puedo tomar drogas y extasiarme?».

— Mi hijo menor, Ounsi, por no besarlo todas las veces que hubiera podido y querido. Y por aprovecharme de sus artes de masajista cuando mi cuello me dolía por todas las horas que pasaba sentada.

— Mi madre, Mary, por gritarle todas las veces que intentaba introducir algo en mi boca mientras estaba delante de la computadora; y por otras ocasiones, en las cuales mostraba una absoluta generosidad y una incondicional disposición a ayudar. Nunca es tarde para avergonzarse por haberse portado como unos desagradecidos.

– Mi amada Marianne, por no decirle a cada rato qué bella se veía con su vientre embarazado; o qué afortunada soy yo por tenerla cerca.

Y, finalmente, dejadme dar humildemente las gracias al fuego de la pasión (algunos lo llaman locura) con el que tuve la gracia de nacer. Es la fuente de mi espíritu guerrero, que me ha motivado, me ha guiado y me ha dado la fuerza de enfrentar este y otros retos, que me ha hecho y me hace indignar frente a las injusticias y faltas de humanidad que presencio; que me ha permitido y me permite resistir a las ofensas de mis críticos y a las condenas de los trogloditas que me rodean. Este espíritu ha supuesto una contribución sin medida para este libro, y para todas y cada una de las labores de una vida. Sin él estoy casi segura de que no me hubiera levantado de la cama por las mañanas… ¿Por qué lo hacía? Porque una buena guerrera sabe que identificar al enemigo no es suficiente:

Ella sabe que es impotente sin sus flechas incendiarias.

Índice

Érase una vez… 11

11 1. ¿Por qué este libro? 17
El poema *Perdido y encontrado* 19
La pelea *Elogio del egoísmo* 20
La narración *Nota para el lector* 23

27 2. Cómo empezó todo (en general)
El poema *Volviendo a empezar* 29
La pelea *Cara o cruz* 31
La narración *El Génesis, pero no como les gusta pensar
que hubiera acontecido* 34

39 3. Cómo empezó todo (para mí)
El poema *Metáfora de amor* 41
La pelea *Dentro y fuera* 42
La narración *Encuentros cercanos con el segundo
tipo* 45

55 4. El desastroso invento del monoteísmo
El poema *Dar las gracias* 57
La pelea *Por qué no* 60
La narración *No desearás la mujer de tu prójimo,
y tampoco su asno* 62

73 5. El desastroso invento del pecado original
El poema *Volver a empezar* 75

La pelea *Preguntas políticamente incorrectas*   76
La narración *Lo malo, lo nocivo y lo feo*   78

87   6. El desastroso invento del machismo
El poema *Piénsalo dos veces*   89
La pelea *El reglamento del macho*   91
La narración *Las pelotas tienen precio*   94

109   7. El desastroso invento de la guerra de los sexos
El poema *Soy una mujer*   111
La pelea *Él dice que ella dice*   113
La narración *Primavera Árabe, la llaman*   115

131   8. El desastroso invento de la castidad
El poema *Receta para el insaciable*   133
La pelea *El pene: instrucciones de uso*   135
La narración *Perded toda inocencia, los que entráis*   141

147   9. El desastroso invento del matrimonio
El poema *Quietos*   149
La pelea *Dinámica de una milenaria metedura de pata*   151
La narración *Te acepto a ti como mi amor provisional*   153

169   10. El desastroso invento del envejecimiento
El poema *Teoría de la alcachofa*   171
La pelea *¿Y qué?*   173
La narración *Todos podemos ser Peter Pan*   175

Las bellas voces dentro de mí   181
Carta a mis hijos   189
Felices para siempre…   193
Lecturas ulteriores   195
Agradecimientos   197

www.ingramcontent.com/pod-product-compliance
Lightning Source LLC
Chambersburg PA
CBHW031431270326
41930CB00007B/657